Amore Devozione Abbandono

Love, devotion and surrender
IL LIBRO BIANCO

12° volume collana evolutiva
Avalon

Numero **12** della collana Avalon del *20 Marzo 2023*
Equinozio di Primavera - Amore, devozione, abbandono - Il Libro Bianco
Direzione editoriale a cura di Grazia Velvet Capone
Valutazione e Redazione:
Grazia Velvet Capone - Ornella Aprile - Arnaldo Citterio - Irene Salidu
Progetto grafico & Copertina a cura di Grazia Velvet Capone

Avalon

Plutôt la Mort

Alberto Fortis

Lucia Guidorizzi

Ornella Aprile

Arnaldo Citterio

Sabina Camani

Anna Frediani

Manu Mabon

Donatella de Vincentiis

Tara Nicoletti

Rita Quinzio

Maria Rosa Oneto

Irene Salidu

Grazia Velvet Capone

Beppe Crovella

Equinozio di Primavera

∞ Introduzione ∞
Amore, devozione, abbandono.
Il Libro Bianco

di Irene Salidu

Perfetto: mi è stato chiesto se volessi scrivere l'introduzione di "Un libro Bianco". Sembrerebbe un assurdo, ma mi sento onorata di redigere un'introduzione per delle pagine bianche… È il dodicesimo libro, l'ultimo del primo propulsivo ciclo, di una collana, "Avalon", nella quale sono raccolti pensieri ed emozioni di tante persone diverse, con vite diverse, sentimenti e trascorsi talvolta diametralmente opposti.

Apro il libro, sfoglio le pagine e scopro che il bianco è tra una parola e l'altra, tra una riga e l'altra. Ho aperto uno scrigno nel quale tante e diverse persone hanno riversato il loro essere, la loro essenza pura, pur mantenendo intatto il bianco. Nel leggere i diversi brani, mi rendo conto della ricchezza apportata dalle diversità, dalle differenze nell'affrontare argomenti complessi come l'amore, la devozione e la resa/abbandono che in molti testi sono visti come parte di un intero.

Chi scrive riporta con la mano ciò che parte dal cuore. Il cuore elabora emotivamente ciò che la mente vive razionalmente. Se scrivessimo ciò che ci detta la mente, i nostri scritti sarebbero dei trattati scientifici. Invece è il cuore che trasforma le esperienze in poesia e in prosa.

L'amore è uno dei sentimenti più sbandierati pubblicizzati. Sono convinta che il completamento dell'amore sia solo la creazione, ma non in senso religioso, cioè mirato alla procreazione, bensì nel più ampio significato del puro sentimento. In questo senso, l'amore sterile non può pregiarsi di essere chiamato amore. Quando le persone amano, il loro amore deve essere visto e sentito; deve dare agli altri, essere condiviso per moltiplicarsi.

I brani di "Amore, devozione, abbandono. Il libro bianco" dispiegano le ali sul sentimento della devozione. Quale emozione racchiude in sé devozione e resa? Se qualcuno avesse dei dubbi, nel leggere questi testi, si renderebbe conto che il sentimento di cui si parla è Amore, in tutte le sue sfaccettature. Alcuni autori l'hanno affrontato come devozione religiosa, altri hanno espresso il loro pensiero sull'amor cortese, sull'amore inteso come amore di coppia, amore per una passione, ma in tutti, in TUTTI, si legge il legame tra amore e devozione. Poi… la resa… quasi un'estasi, come arrendersi ai sentimenti e alle sensazioni che l'amore provoca. Estasi religiosa, estasi sensuale e passionale, altro non sono che frammenti d'amore, un sentimento UNIVERSALMENTE riconosciuto. Così, un gruppo di autori, in un solo testo ha espresso ciò che è l'amore, ciascuno col suo stile, col suo sentire, la sua energia, ha avuto il coraggio di lasciare ai posteri un "Libro bianco". Nella Bibbia è riportata una frase, la ricordo ogni volta che apro un libro: *"In principio era il verbo. E il verbo era presso Dio. E il verbo era Dio"*. (Vangelo di Giovanni, 1,1)

In principio era la parola, e la parola era una divinità, poiché chi conosceva la tecnica della scrittura era considerato alla stregua di un dio, e la parola stessa era dio. Posto che la frase indichi un principio di creazione "per amore", in una specifica religione, non è per motivi di fede che queste parole mi risuonano in mente davanti a un'opera letteraria, ma perché ritengo che la parola scritta abbia un suo peso, e che l'ispirazione sia effettivamente un respiro che ci viene dato, un alito che giunge a noi perché "buttiamo fuori" uno dei doni più sacri che l'umanità dimentica spesso di possedere: la parola e il suo giusto peso. È con questo spirito, che ho letto i testi e le poesie, frutto di pensieri diversi, nati da esperienze e conoscenze che abbracciano diverse culture, diverse religioni, diversi modi di affrontare la vita. DIVERSI, ma uniti per la creazione di un Libro Bianco… tra una riga e l'altra, tra una parola e la successiva, una lettera e quella che le sta accanto.

È un tesoro, che splende di bagliori diversi, ma uniti in un unico intento: creare.

La Genesi dell'amore.

In principio…

Irene Salidu

∞ È nostro diritto, dovere e bellezza ∞

di Alberto Fortis

LOVE/ AMORE

Quando trascorro dei Giorni nella mia Casa di famiglia a Domodossola, anche se talvolta può esserci un velo di tristezza e di rimpianto, soprattutto nei momenti di pioggia invernale, capisco che il Tempo è sostanzialmente un intreccio di fili mentali che scorrono e si tirano come elastici con l'intensità e l'intenzione che desideri. Sembrerebbe possibile rallentare il tempo e agganciare quello attuale a quello passato senza intervalli, con soluzione di continuità ringiovanente. Ti viene in mente che la grande città, pur con tutti i suoi utilissimi stimoli, sia comunque un vortice fatto di infatuazioni e distrazione, eppure anelato fortemente.

Nella bilancia di questi due denominatori, quello comune armonizzante si chiama amore e se non c'è, l'altalena continua faticosa, in cerca di quell' armonia di incoscienza che ti faceva vivere la giornata ben diversamente, quando dondolare sull' altalena vera aveva un senso preciso: capire che pur andando avanti e indietro si stava fermi in un punto che si espandeva felice.

In questa foto per me c'è tutta la Vita: alle mie spalle mio Nonno paterno, Giovanni, novantenne, io sto davanti e impugno il Suo bastone. Ho quattro anni, ma se guardo i miei occhi c'è già tutto: curiosità, pacata determinazione e una dolce malinconia profonda.

È sempre stata, quest'ultima una mia caratteristica, un mio tratto interiore nitido, forse perché già allora, anche se inconsciamente, mi domandavo perché fossi venuto al mondo, senza mai riuscire a darmi una risposta. Proprio come succederebbe adesso, anche se me lo chiedesse Marzullo.

DEVOTION/ DEVOZIONE

Testimoniare, purtroppo grazie al sacrificio, la necessità di credere al nostro sogno, piccolo o grande che sia e, in un momento come questo più che mai, dedicare un Pensiero a Gesù, Mahatma Gandhi, Martin Luther King Jr, ai giudici Falcone e Borsellino, ai primi ministri Yitzhak Rabin, a Benazir Bhutto, Pierpaolo Pasolini e a John Lennon, tra gli altri.

Bandiere di pace che continuano a ricordarci quanto le nostre vite non sono merce da buttare sul mercato, ma nascono piuttosto come un fiore sul ciglio della strada, senza chiedere niente a nessuno, ma sempre pronto a farsi cogliere da chi davvero lo sa riconoscere

È questo il mio Desiderio, che anche per un solo istante riusciamo a coglierci, riconoscerci a capire quanto ognuno di noi è importante per chi gli sta vicino, per chi lo conosce e chi no, perché "fa la differenza". Dedico un pensiero a chi sta vivendo le sue giornate nell'orribile, insulsa stupidità della guerra. Certamente stiamo assistendo a un dilagare di volgarità e bassezza, però non si può sempre sottostare al linguaggio urlato e cafone, altrimenti sarà un brutto mondo anche per i figli dei cafoni: e questo mi spiace perché non ne hanno troppa colpa.

Da ex studente di medicina (risposta dei detrattori "dovevi continuare a fare quello"), direi che ci sono sintomi di latente patologia di plagio confuso: si risponde per pura fede bieca, senza cercare di capire segnali che potrebbero anche essere fondamentali. La fragilità cattiva ha preso il posto della dignitosa Libertà? Il coraggio della provocazione vera, come quella che anch'io ho fatto ai miei esordi, pagandone il prezzo, non è fatto di atteggiamenti formali, propedeutici all'assoggettamento, ma piuttosto di obiettivi dichiarati, combattuti e contestati.

La grande delusione è vedere che sono riusciti a plasmare spiccioli di contestatori di circostanza, fatti di faziosità, perbenismo, ipocrisia e malata devozione: guai a cantare la propria opinione fuori dal coro stonato e se non sei nell'onda che sta schiumando sei un "babbano". Ma quando davvero si crede in qualcosa e se ne è convinti, si è molto meno deboli e meno bisognosi di offendere in nome di idoli, vitelli d'oro o modelli autentici a cui riferirsi.

È Nostro Diritto, Dovere e Bellezza, avere desiderio di confronto. Sarà così, che, a una certa età, riguardando il nostro percorso, potremo dire a noi stessi *sono stato padrone della mia Ragione e della mia Devozione*: le persone sensibili e quelle tendenzialmente intelligenti, provano sempre un gran desiderio di condivisione, quasi fosse un impulso entusiastico di non tenere per sé un accadimento gioioso, comunque positivo. Anche questa è Devozione, tanto quanto il rendersi conto che una volta passati ad altra Vita, gli altri comunque neppure se ne accorgeranno e quindi è sacrosanto provare Devozione per se stessi, per la propria Personale Saggia Divinità. Buon viaggio autentico, cari ragazzi!

SURRENDER/ RESA MAI RESA

Parole al vento, brezza di pensieri, ripensamenti, riflessioni, ricarica, ripartenza. Non c'è niente da fare… Quando ogni tanto esco dall'auto condizionamento e dal training di adattamento alla realtà artistica imposta, considero quanta oggettiva superiore bellezza ci sia nelle Song di Dylan, Lennon & Beatles, Jeff Buckley, Stevie Wonder, per citarne alcuni. Non cerchino di condirmi con la teoria generazionale della nostalgia e quant'altro: è proprio una sostanza alchemica pregna contro un attuale involucro superficiale e arido nella maggior parte dei casi, certamente con alcune encomiabili eccezioni. Unico grande rammarico è percepire una generazione scientificamente ingannata per il profitto di un arido, oscuro, perverso vertice votato alla sottomissione e al livellamento verso il basso per facilità di controllo, che in ogni caso si arrenderà alla sua stessa aridità, scientificamente destinata all'estinzione per mancanza di rigenerazione e nutrimento animici.

Oggi, più che mai, funziona essere "cazzari" e urlatori di mediocrità, così non impegni nessuno a crescere, anzi, sdogani e sostieni il brodo di banalità servito sul desco del quieto vivere servile e monotono. Ragazzi, risorgete! *"Resa"* è parola da eliminare e vale solo nel codice di guerra, quando il tiranno viscido si arrende e sparisce. Uscite dall'incantesimo buio, mai "arrendersi", sempre "rendersi" conto a chi lucidamente far pagare il *conto…* Tocca a Voi e a tutti Noi artisti, perché non ci credo che siete davvero voi a volere certe cose contro Natura. E allora *"Dimmi dolce Amore, che cosa Ti accadrà, se una volta ancora Ti obbligheranno a amare. Gridaglielo in faccia, non lo spiegare mai, che un Aereo è nato soltanto per volare"*

SURRENDER/ABBANDONO

Quando penso ai momenti intensi e protagonisti di me stesso e del mio incedere, è come se un Angelo giovane mi comandasse e vivesse IN me portandomi dovunque, spensierato nel Suo totale abbandono. Oggi è come se un Angelo stanco non fosse in grado di uscire dalle sue quattro mura alate, o sapesse che là fuori, anche se ci riuscisse, non ci sarebbe granché ad aspettarlo o sentirlo. Ero padrone dei miei vestiti, ero io a indossarli e sentirmi protagonista, avvolto per il freddo o leggero nell'estate. Adesso sono loro che mi avvolgono e mi portano, stanchi di essere scelti dall'armadio, periodicamente, a turno, mentre si chiedono:

«Hey, a chi toccherà oggi dargli una speranza quando uscirà da casa?» Eppure mi arrendo puntualmente a Una Speranza che non ha confine, pur sempre da reinventare su un'altra speranza che non si sa se nuova o un Sogno rivisto dal libro della presunta felicità e ripassato da lì apparentemente per caso, in realtà chiamato dalla memoria che non accetta l'intuizione del prossimo futuro così com'è, già compreso, già svelato, già preordinato, come pasta scotta per un turismo dell'Anima, ma ne vuole un altro che riempia la soddisfazione momentanea col suo tic toc. Lo vuole con quella prepotenza meditata di chi anela l'abbandonarsi, ma solo alla Luce, sia Essa Divinità, Aggregazione Collettiva di Resurrezione sperata o semplice, lapidario rifiuto del buio. Quello è il suono della pendola, il suono del tempo che sta ridendo di Noi che viviamo per contare quante volte crei*amo* rimbalzo sul "tic toc", mentre dovrebbe essere "lui" a dipendere dallo scandire dei Nostri Sogni.

Il contrario della parola Amore è influencer. Evviva il Futuro fatto da chi dà L'Anima. Quello che più ci serve e ci manca in questa Contemporaneità è la Memoria Sensoriale. Molte persone si mettono alla prova confrontandosi con rituali fisici e mentali, a volte anche cruenti, che dovrebbero fortificare e temprare. Ma il Cervo Bianco, Rappresentante e Simbolo della Vera Forza Pura, non è di questo che ha bisogno come dimostrazione: abbisogna piuttosto della memoria sensoriale, che argina il fiume in piena dal replicare gli errori, amplifica la Percezione del Collettivo e indica la Strada maestra per attraversare la Foresta. È troppo facile essere violenti. Ogni tanto il Tempo mi fa paura e penso sempre a una meta che esiste a seconda della Percezione d'Onda consentita dal Destino. Ma forse questo è il bello. Se penso all'"Entità Polverosa" che Tutti Noi rappresenteremo, è chiaro e tangibile che siamo Veicoli nelle Mani di un Equilibrio Immenso: è lui a decidere quanto sopravviverà di Te grazie al Tuo Operato.

Più che ciò che siamo rimarrà ciò che facciamo. Ma quello che facciamo non è quello che siamo? Probabilmente no, siamo una parte di ciò che è già stato e non lo ricordiamo. Non ancora. Lo capiremo nell'Abbandono alla Nostra Natura Di Nascita. Posso con familiarità contemplare l'infinito e la Bellezza di un Cielo stellato, sentendomi a mio totale agio, senza timore di volteggiare e soffrire di vertigini, ma rimango totalmente spiazzato di fronte a una carezza imprevista o allo stringere stretta a me un'entità pulsante fatta di respiro e di battito di cuore. Forse che il Cielo non respiri e non palpiti? Certo che sì, invece! Già dalla culla si semina l'istinto dell'arrendersi al Sé, perché è Verità Sostanziale: probabilmente la mia culla era ovattata di Sogno e di Immaginazione fin dalle prime ore dell'affacciarmi al Mondo.

Ora la casa è apparentemente vuota e aprire le finestre significa guardare nel Tempo sovrapposto del quando sei stato e del quando sei, senza capire perché sia tanto difficile sentirsi una Persona sola e non Due. Nonostante l'età, nonostante tutto, quest'Aria stupenda e questo profumo di fieno mi fanno venir voglia di correre, nella Libertà, contro l'Idiozia e la rassegnazione, nella ricerca continua del Vortice impalpabile che ci fa sentire realmente vivi e partecipi di una società bisognosa e speranzosa di un onesto Domani, indipendente dagli inganni politici ed economici. È così bello vedere il Lato Illuminato del mon*do*. Vi lascio con una testimonianza che mi è stata inoltrata a sorpresa, credo più significativa di qualsiasi mio scritto, per manifestare e testimoniare quanto la Soluzione più efficace sia l'Entità Amorosa Divina, poco importa se esista o no.

Carissima Lorena, come va? In questi giorni ho seguito con piacere i successi di Fortis e mi sono trovata concorde con i commenti che hai lasciato su fb esprimendo perfettamente l'essenza di Al come persona eccezionale ed illuminante. Hai innescato nella mia mente una sorta di associazioni di idee che mi hanno spinta, ora, a raccontarti cosa sia stato, per me, incontrare un artista così speciale sulla mia strada. Lo scrivo a te perché, davvero, quando scrivi di lui esprimi esattamente quello che penso io e, quindi, so che capirai. Il fatto di averlo conosciuto a quarant'anni suonati, ha fatto sì che io saltassi tutta la trafila dell'innamoramento adolescenziale, permettendomi di vedere, senza i filtri dell'infatuazione, l'Artista in sé: completo, profondo, affascinante, capace, sicuro e fragile nel contempo. È entrato nella mia vita per caso, ero stata invitata al concerto della banca nel 2016 e, quando è apparso sulla scena, ha subito mosso qualcosa nella mia distratta partecipazione. Stavo attraversando un periodo strano della mia vita, un misto di stanchezza, demotivazione e difficile accettazione dell'arrivo della mezza età….Da quella sera, però, ho come abbandonato il mio torpore e ho iniziato ad avere qualcosa di divertente da fare nel mio scarso tempo libero e ho iniziato a cercare informazioni su di lui. Oltre ad internet, ho girato bancarelle e mercatini alla ricerca delle sue opere, godendo più della ricerca in sé che non del reperto trovato. Ecco, Fortis mi ha regalato emozioni vere e totalmente nuove, sia indirettamente attraverso, appunto, la ricerca, che direttamente durante i suoi concerti. Con piacere ho potuto avvicinarlo e scambiare due, giusto due, parole con lui che mi hanno permesso di apprezzarlo anche come persone garbata e gentile. In più ho conosciuto persone nuove, prima fra tutte te, che mi hai sorriso subito facendomi sentire a mio agio in un ambiente così lontano dal mio. Ultimamente ho avuto poco tempo per seguirlo, ma mi rifarò. Chiudo, per non annoiarti, con questo aneddoto: ho incontrato una signora che spesso torna a casa a Domodossola e mi ha raccontato che una sera (non ricordo se un paio di anni fa o prima ancora) l'ha visto in chiesa. Il sacerdote si aggirava intorno all'altare e due signore anziane avevano acceso due candele per poi allontanarsi ed uscire. Un attimo dopo, il parroco ha spento le candele ed è uscito anche lui. A quel punto, Fortis ha riacceso le candele…. Vedi, anche in questa occasione, la sua azione è stata Illuminante. Alberto per me è stato, e resta, un "uomo di luce" che ha illuminato e rasserenato il mio cammino. Non posso che essergli grata. E grazie a te per aver letto fin qui i miei pensieri.
Serena

Alberto Fortis

∞ **La Regina scura** ∞

di Lucia Guidorizzi

Nei territori dell'estremo Occidente vivono leggende dimenticate che rispecchiano antichi saperi, conoscenze remote. In Galizia, lì dove s'incontrano Visibile e Invisibile, esistono soglie e aperture che permettono di vedere e sentire altre frequenze, più segrete e sottili.

Ci fu un tempo in cui le Madonne Nere, oggetto di culto e devozione, caddero in disgrazia. Furono bandite dalla religione ufficiale, in quanto considerate veicolo di paganesimo e superstizione e finirono in gran parte distrutte. Le rendeva inquietanti e sospette il fatto che spesso fossero loro a scegliere il luogo dove essere collocate e se venivano spostate in un altro posto non gradito, misteriosamente tornavano a collocarsi nel luogo precedente.

Molte di quelle statue lignee, dai tratti fortemente ieratici, vestite di verde e di rosso, dalle mani allungate e sottili, contenevano al loro interno reliquie nascoste appartenenti a divinità arcaiche, e per questo motivo furono distrutte. Alcune erano giunte dal mare in forma di polene di navi, altre si erano insediate in luoghi di culto megalitici e sacri alle popolazioni celtiche, altre ancora si erano nascoste dentro una grotta o presso una sorgente sacra, dotata di poteri magici e curativi. Amavano i luoghi isolati, dove agivano incontrastate le forze della Natura e apparivano solo a persone semplici, poveri pastorelli o vecchi solitari che tributavano loro una devozione spontanea e sincera. Le Madonne Nere prediligevano palesarsi a creature appartate lontane dai vescovi e dagli alti prelati e che ignoravano le sottigliezze della

Teologia, ma sapevano, per esperienza diretta, che la Signora Scura poteva apparire all'improvviso tra cespugli di biancospino o di agrifoglio, le piante delle Fate che segnano i confini.

In genere la Signora per apparire sceglieva un luogo in cui le energie del Cielo e della Terra fossero in perfetto equilibrio e comunicazione, punti magnetici in cui l'energia tellurica scorre liberamente e senza ostacoli verso l'alto. Un tempo in Galizia, il Cammino che conduce a Campus Stellae, la strada che va da Est verso Ovest, dalla Vita verso la Morte, era costellata di Madonne Nere, ma purtroppo molte di queste furono distrutte, perché portatrici di un sapere e di una conoscenza che ai più incuteva paura. Altre furono preservate perché nascoste in luoghi isolati e difficili da raggiungere.

Nèves era una ragazzina bruna dai grandi occhi selvaggi che amava camminare da sola per ore, immersa nella solitudine e nel silenzio delle montagne. Nelle sue passeggiate solitarie non si annoiava mai, amava osservare i voli delle farfalle e degli uccelli che la precedevano sul sentiero, indicandole la via da percorrere. Si diceva fossero le anime dei trapassati che cercavano un dialogo coi viventi.

Nèves era nata in una remota contrada della Galizia, sapeva che nella sua terra l'oscurità diviene una forma di pensiero e la conoscenza si espande quando si è immersi in un mondo fatto di boschi, di prati, di cammini. Amava molto la nonna Rosalia, che le aveva insegnato a leggere le carte, a conoscere le stelle, a chiamare le erbe e i fiori col loro nome. Abituata a vivere isolata, la sua anima era rimasta incontaminata: oltre alla nonna, da cui aveva assimilato innumerevoli saperi, i suoi maestri erano stati il cielo, la terra, le nuvole, le antiche pietre, gli animali, gli angeli. Immersa nella Natura, le tributava rispetto, sentiva di far parte di essa, ma di essere solo una componente, una piccola nota nella sua divina sinfonia.

Nèves si chiamava così perché abitava nei pressi di un piccolo santuario dedicato a Nosa Señora das Nèves, la cui festa si celebra il 5 agosto, in memoria di una copiosa nevicata avvenuta in piena estate. Durante la notte era apparsa tra i fitti rami del bosco innevato una Signora avvolta in un manto rosso, accompagnata da un cervo sulle cui corna splendevano delle candele. La nonna, che conosceva questi misteri, le aveva raccontato che il cervo è un animale sacro ed è messaggero di mondi invisibili. Quell'edificio sacro era stato costruito per ricordare quello straordinario prodigio.

A Nèves piaceva rifugiarsi nella penombra delle sue navate che tanto le ricordavano i tronchi degli alberi e s'immergeva nel silenzio e nella contemplazione per fantasticare sull'immenso mistero della Vita. "In fondo" pensava "l'immaginazione è una forma di preghiera, in quanto permette di evadere dalle incombenze quotidiane per entrare nello spazio infinito dell'interiorità". I monaci però erano avversi a questa attitudine che chiamavano *Evagatio Mentis* e la consideravano uno degli effetti perniciosi del Demone Meridiano. Dicevano che quando la mente evade dalla disciplina e dalle regole che scandiscono la quotidianità, diviene facilmente preda di sogni e di incubi, di allucinazioni e di deliri.

Le candele erano sempre accese davanti alla sacra immagine di *Nosa Señora das Nèves* e le donne del circondario le portavano i fiori raccolti nei prati e nei boschi, digitali purpuree e rose canine, ma anche ortensie blu e candide calle che crescevano nei loro giardini. Talvolta offrivano alla Madonna dei dolci a forma di barchetta, perché sapevano che un altro dei suoi innumerevoli nomi era *Nosa Señora da Barca*, Colei che salva dal naufragio.

A Muxia, non lontano da dove abitava Nèves, c'era un santuario dedicato proprio a *Nosa Señora da Barca* e una leggenda raccontava che la Madonna fosse sbarcata nella penisola iberica proprio in quel luogo e i resti della sua imbarcazione fossero stati tramutati nelle pietre intorno alla chiesa. Le pietre in realtà erano oggetto di culto da tempi antichissimi, in particolare la pietra d'Abalar, una pietra oscillante presso la quale si celebravano antichi riti per ottenere la fortuna e la fertilità. All'interno del santuario erano appesi numerosi ex-voto a forma d'imbarcazione, costruiti dai pescatori del luogo in segno di riconoscenza alla Vergine che li aveva salvati dal naufragio. Del resto, la navigazione intorno alla costa della Galizia era pericolosa e piena d'insidie a causa dei forti venti e delle correnti, al punto da essere chiamata Costa della Morte.

La nonna Rosalia le aveva raccontato che in tempi remoti le antiche dee fecondavano se stesse e potevano creare il mondo partendo dalla loro interiorità. Iside, l'antica dea egizia rappresentante la Luna che reggeva tra le braccia il figlioletto Horus, era uno dei diretti archetipi delle Madonne Nere che si veneravano nelle cripte. Nèves si rendeva conto che passato, presente e futuro erano intrecciati inestricabilmente e nel mondo delle immagini e dei simboli nulla era casuale, ma veicolo di conoscenze occulte e misteriose. Tutto questo l'affascinava immensamente.

Amava la solitudine e il mistero, si sentiva parte dell'alfabeto vivente della Natura. I suoi coetanei intuivano la sua energia e la sua autonomia, perciò la temevano e la rispettavano, nessuna delle adolescenti che abitavano nei dintorni osava spingersi così lontano come faceva lei nell'esplorare il territorio e nessuna come lei conosceva i segreti della foresta.

Un giorno aveva camminato così a lungo da sentirsi sfinita e si era spinta molto distante, tanto che le sembrava di non essere mai stata in quei luoghi: si sentiva stanca e provava desiderio di riposare. Era giunta in una radura dove alcuni nastri colorati erano appesi ai cespugli, si era distesa su una pietra e si era assopita. Al suo risveglio, non riusciva a rendersi conto di quanto avesse dormito: il sole era basso e le ombre che gli alberi proiettavano sull'erba erano lunghe.

Si sentiva stranamente presente a se stessa, l'aria era immobile, ferma e tutto intorno a lei sembrava sospeso e in attesa. A un tratto, un trillo improvviso ruppe il silenzio: un piccolo codirosso dalle piume grigie e rossicce si era posato su una pianta vicino a lei. Saltellava vivace da un ramo all'altro e sembrava la invitasse a seguirla: Nèves, che era abituata ad ascoltare questi segni, non esitò a cogliere l'invito. S'inoltrarono nel bosco in cui filtravano i raggi del sole occiduo e dopo un breve tratto il codirosso si posò sul tronco nodoso di un grande albero. Incuriosita, la ragazzina si avvicinò alla pianta maestosa: si trattava di un immenso castagno che doveva essere pluricentenario. Affascinata, iniziò a girargli intorno, mentre il codirosso con un frullo d'ali volò via: aveva esaurito il suo compito. Il tronco del castagno era largo all'incirca otto metri e la sua corteccia sembrava una radiografia del tempo, piena di increspature e nodi che somigliavano a volti scolpiti. C'era una cavità nel tronco, e con stupore Nèves si accorse che dentro c'era nascosto qualcosa: si trattava di una statua che raffigurava una Madonna Nera con un bambino. Indossava un abito verde finemente

ricamato di stelle d'argento e un mantello del colore del diaspro rosso.
Presa da un reverenziale stupore, Néves s'inginocchiò davanti a lei e
proprio in quel momento la statua iniziò a parlarle: «Dai ascolto alla
tua interiorità, volgi ad essa gli occhi del tuo spirito, tu stessa com-
prenderai dove va e attraverso questo imparerai. Troverai più nei boschi che nei libri. Alberi e rocce ti insegneranno cose che nessun maestro ti dirà». Si trattava delle stesse parole che la Vergine Nera aveva
rivolto a San Bernardo di Chiaravalle nella chiesa di Saint Vorles a
Chatillon -sur- Seine, ma questo Nèves non poteva saperlo. Quelle
parole l'avevano raggiunta in tutta la loro autenticità, riempiendola di
una gioia e di una pace profonde. Mentre si metteva in cammino per
tornare a casa, si era ripromessa di tornare nuovamente in quel luogo
pieno di sacra energia, non appena le fosse stato possibile.

In seguito, tante volte aveva provato a tornare in quella radura, ma
non aveva più ritrovato la strada, era come se quel luogo non fosse
mai esistito. Eppure, dentro di lei le parole che aveva sentito pronun-
ciare dalla Regina Scura, continuavano a fiorire, a germogliare lumi-
nose. Per tutta la vita non aveva mai raccontato a nessuno di quell'incontro e di quella rivelazione che l'avevano consacrata ai misteri della
Natura, rendendola forte e coraggiosa, insegnandole a praticare auten-
ticamente l'Amore e la Devozione.

CANDELE VERDI PER L'ANTICA DEA

Un vortice di luce primordiale
Compare tra rocce sacre
E cespugli di rovi

Sacra sorgente che sgorga

Da terra nera

Presso l'Albero della Vita

Nostra Signora della Notte

Campo magnetico

In cui si celebra

L'unione e il distacco

Forza tellurica

Del serpente

Che scorre

Verso l'Alto

Non smetteremo mai

Di celebrarti in forma

Di Stella o di Pietra

La tua corona astrale

Risplende in Cielo

E feconda la Terra

Davanti a tutte le Nere Signore

Che vigilano sui nostri passi

Accendiamo stasera

Con devozione

Queste verdi candele

Lucia Guidorizzi

∞ Dalla crisi alla devozione all'abbandono ∞

di Ornella Aprile

CRISI. IL MOVIMENTO INSITO NELL'AMORE

Nella vita, e oggi ne sono più convinta che mai, nulla accade per caso! Proprio quando avevo pensato che non mi sarebbe stato possibile partecipare a una nuova e importante pubblicazione collettiva, la mia amica Grazia, ideatrice e responsabile di Aurea Nox, il gruppo culturale innovativo di cui ho il piacere e l'onore di essere referente per gli autori, ha pubblicato un suo verso: "Le crisi sono la rinascita di una nuova stella." Immediatamente qualcosa è scattato in me, ho percepito la forza del messaggio e mi sono fermata a riflettere sul valore anche di esperienze davvero forti e incisive che, attraverso la sofferenza, spesso più morale e spirituale che fisica, possono aiutarci nel nostro percorso evolutivo.

La parola crisi infatti deriva dal greco e significa scelta, discernimento e decisione! Noi la percepiamo spesso in senso negativo, pensiamo semplicemente all'accezione economica del termine o a quella diplomatica o, ancor di più, medica. Invece la crisi, cioè il punto massimo, talvolta parossistico, l'acme di un evento limitante, può essere proprio l'inizio della soluzione del problema. Non dobbiamo temere lo sconvolgimento di un equilibrio come pericolo, ma percepirlo come opportunità di trasformazione. Nell'universo senza il caos non nasce una nuova stella. Ricordiamo la celebre frase di Nietzsche "Dobbiamo avere un caos all'interno per generare una stella danzante", e la crisi è appunto una forma estrema di disordine, di squilibrio. Se l'accogliamo senza giudizio, ma col cuore aperto, ci accorgeremo che stiamo per sperimentare una nuova stagione della nostra vita a livello personale, ma anche collettivo. Se tutto rimane troppo stabile non conosceremo alcuna evoluzione! Il pericolo non è nello sconvolgimento, ma nella stabilità.

LA CRISI COME L'AMORE PORTA EVOLUZIONE

Io abito ai piedi del Vesuvio, uno dei vulcani più studiati al mondo e so, non tanto per averlo molto accuratamente studiato, ma per l'apprendimento spontaneo, derivante dal vissuto e dalla saggezza popolare, che quanto più non si avvertono segnali di attività, come piccole scosse telluriche o cambiamenti di temperatura del suolo, tanto più aumenta il pericolo! La stasi è sempre temibile. Nella valutazione di ogni realtà dobbiamo fermarci, osservare i segnali che da quella situazione provengono, analizzarne l'origine e le cause, avviare un processo di trasmutazione, una vera alchimia che ci permetta di accettare gli aspetti limitanti e trasformarli in occasioni di potenziamento. Alla fine ci sembrerà un processo assolutamente spontaneo da cui emergeremo con nuove energie, indipendentemente dalle decisioni che la crisi ci avrà suggerito.

È importante il discernimento: bisogna capire in che proporzione sono presenti elementi per noi assolutamente inaccettabili, perché contrari alla nostra indole che ci impediscono di fiorire, esprimendo la migliore versione di noi stessi, dando spazio ai piccoli spunti che, se opportunamente elaborati, ci permettano di cambiare il nostro atteggiamento mentale e quindi la nostra capacità di accettare la trasformazione. Per cambiare la realtà che ci circonda, di cui siamo gli unici responsabili, dobbiamo lavorare su noi stessi, trasformare la nostra interiorità. Leggendo il verso che ho citato mi è venuto in mente proprio questo nuovo volume della collana Avalon, dedicato all'amore nella sua manifestazione devozionale per il quale abbiamo unito energie diverse col fine unico di esprimere la nostra percezione e interpretazione personale della declinazione di una parola: amore.

Anche il numero 12 è molto importante perché rappresenta molti significati, per esempio 12 sono i mesi dell'anno, i segni zodiacali, ma anche gli apostoli di Gesù. Nella cultura latina, a 12 anni il bambino diventava ragazzo e quindi doveva avere accesso alla vita degli adulti. Questo volume sarà conclusivo di un ciclo e aprirà la strada a nuove sperimentazioni.

Gli argomenti proposti: *Amore, devozione, abbandono* sono correlati a una personale lettura sugli aspetti importanti della vita, sulle scelte di ognuno di noi e sulla nostra fede o la negazione della stessa.

La devozione di solito aumenta o si manifesta con particolare intensità nelle situazioni di crisi e molti potranno confermare di aver chiesto l'aiuto divino proprio nei momenti difficili! L'origine della devozione è ovviamente religiosa e infatti noi facciamo riferimento all'antica e attuale pratica dei voti, la dedizione grata e sempre rivolta a Dio, a Gesù, alla Madonna, ai santi, agli angeli o a varie divinità in altre culture. Pensiamo alle preghiere e anche alle opere d'arte sacra, spesso chiamate direttamente devozioni. Ma la devozione è un tipo di rispetto che non rivolge necessariamente gli occhi al cielo.

Il termine era utilizzato anche nello *Ius Sacrum* dei Romani in cui *Devotio* indicava l'offerta in sacrificio di cose determinate e perfino esseri umani offerti come vittime, agli dei, per stornare un pericolo dalla comunità. In effetti era una sorta di risposta alla sete di sangue e di sacrifici delle divinità infernali.

Con la diffusione del Cristianesimo ovviamente il senso del termine cambia profondamente e la parola devozione definisce un sentimento d'amore profondo e incondizionato verso Dio, un rapimento estatico e trascendentale che travalica qualsiasi rapporto umano, ne oltrepassa le barriere e supera i limiti, quindi esprime un concetto spirituale molto profondo. La devozione nasce dalla volontà di donarsi completamente a Dio, in modo consapevole e senza alcuna remora e quindi presuppone un amore che sfocia nella dedizione, come sottomissione spontanea e felice verso chi consideriamo superiore, ma non indica solo il sacrificio e la sottomissione a qualcosa o qualcuno, bensì anche la causa affettiva che la determina. Chi sceglie di donarsi a Dio e al suo culto, lo fa come gesto d'amore.

Dopo la disgregazione dell'Impero romano e l'affermazione progressiva della nuova religione cristiana, (che nel 380, tramite la pubblicazione dell'Editto di Tessalonica dell'imperatore Teodosio divenne l'unica religione ufficiale dell'impero), i culti devozionali si diffusero in tutti i territori di influenza romana. Gli stessi padri della Chiesa e sant'Agostino in particolare, definiscono come indispensabile per la salvezza della propria anima una connessione continua con Dio tramite la preghiera. In pratica il vescovo africano, che aveva vissuto nel peccato per lunghi anni, si sottomise alla volontà divina, tacitamente, firmando un atto di resa incondizionata all'amore del Padre sempre pronto al perdono. Il Medioevo è stato un millennio particolare durante il quale la religione caratterizzava ogni aspetto della vita degli uomini, sappiamo della nascita del Monachesimo e quindi della diffusione di riti devozionali anche per debellare le numerose epidemie che falcidiavano la popolazione. Nelle zone più lontane da Roma e quindi più periferiche rispetto al nucleo del vecchio impero, i famosi Regni Settentrionali, era presente una grande varietà di culti e religioni. Oggi ne troviamo traccia perfino in molti videogiochi e in alcuni risulta preponderante il culto di Melitele, ovvero una dea dalle tre forme: la giovinetta, la donna e l'anziana. Il centro del culto a lei dedicato si trovava in Ellander e non erano soltanto le donne a pregare la dea, ma anche gli uomini in difficoltà.

La grande diffusione del culto di Melitele è dovuta principalmente al messaggio di pace e amore predicato dai chierici, che spesso si ritrovano a gestire anche ospedali, rifugi e orfanotrofi. Anche la Divina Commedia testimonia il rapporto strettissimo col sacro e quindi l'importanza degli aspetti devozionali in un periodo di estrema incertezza politica in cui il potere del papato era indiscutibile.

In epoca medievale, fu soprattutto nelle pratiche di culto comunitarie che si manifestava la devozione. Col tempo, tuttavia, essa acquisì un significato più intimo, personale. Si assistette quindi alla nascita della *Devotio* moderna, espressa in modo esemplare nel libro "Imitatio Christi", o "Imitazione di Cristo", attribuito a Tommaso di Kempis, canonico agostiniano. Si tratta della scrittura religiosa più diffusa di tutta la letteratura cristiana occidentale dopo la Bibbia. Questo testo insegna come ci si debba comportare per raggiungere la perfezione ascetica, attraverso un cammino di sacrificio e distacco completo dalle cose materiali, abbracciando carità, meditazione, obbedienza. La mortificazione della carne e la pratica quotidiana delle virtù cristiane portano all'unione con Cristo. Il libro, e, in generale, lo stile di vita proposto dalla "devotio", offriva un modello esistenziale che poteva essere seguito tanto dai laici quanto dai sacerdoti, oltre a un profondo soggettivismo nelle pratiche di devozione personale. Oggi sappiamo che le preghiere e la meditazione riescono a modificare il profilo genico e depotenziare le sequenze cellulari dannose per la salute, all'epoca si sentiva il bisogno di affidarsi a Dio, non a caso proprio in presenza di malattie. Eppure proprio in quest'età si diffondono altre forme di devozione che potrei definire profane: l'ossequio rispettoso e amorevole del cavaliere per la dama che troviamo testimoniato nelle *Chanson de geste*, i romanzi del ciclo bretone, arturiano e carolingio, per citare solo esempi famosi, e lo stesso Dante che ci narra la triste storia di Paolo e Francesca, a loro volta trascinati dalla passione peccaminosa proprio durante la lettura di un romanzo che raccontava l'amore di Ginevra e Lancillotto.

La devozione può manifestarsi o trasformarsi anche a livello di sentimento umano senza implicazioni sacre. Nel corso dei secoli gli aspetti devozionali sono stati molteplici, non possiamo dimenticare ad esempio le esperienze dei mistici, possiamo citare Santa Caterina da Siena, Santa Teresa d'Avila, Santa Faustina Kowalska, in tempi più recenti, o Natuzza Evolo, che ha ricevuto le stimmate proprio per la sua incessante richiesta di partecipare alla sofferenza di Cristo come strumento di salvezza per i peccatori.

In realtà, il misticismo esprime una conoscenza esperienziale, quasi una fruizione personale del mistero, mentre per il Cristianesimo la conoscenza di Dio avviene attraverso la Sua parola e quindi la lettura della Bibbia, mentre la comunicazione con lo Spirito Santo si ottiene tramite la preghiera. Il misticismo quindi è una pratica individuale, soggettiva, mentre per il Cristianesimo la relazione con Dio è certamente personale, ma vissuta in comunità, infatti nessun cristiano si salva da solo e Gesù è morto sulla croce assumendo su di sé i peccati di tutta l'umanità.

Nel corso dei secoli i culti devozionali hanno assunto tipologie diverse e, soprattutto ai tempi della Controriforma, bisognava porre la massima attenzione a scegliere l'intercessore cui rivolgersi per evitare l'accusa di eresia. Oggi la nostra società è indirizzata a un maggiore laicismo, ma i culti devozionali permangono soprattutto in alcune zone e contesti particolari. Nelle chiese dei rioni più popolari e soprattutto nel Sud vediamo tante candele accese e percepiamo che le fiammelle rappresentano proprio le richieste a Dio, alla Madonna, ai santi e agli angeli affinché ascoltino le preghiere dei fedeli.

Proprio a proposito degli aspetti laici della nostra esperienza terrena possiamo notare forme di devozione "umana", indirizzate a una persona ideale, un'istituzione, il proprio lavoro, un impegno particolare, la propria famiglia, un amico speciale, che determina un'offerta di sé preziosa e altruistica, un'attitudine affettuosa di deferenza e lealtà: anche questa si può considerare una forma di sottomissione, una sottomissione scelta, una sottomissione che sorregge dal basso verso l'alto, fondamentale, conscia del proprio valore, rispettosa anche di sé. La devozione si impiega per ciò che ha valore, per chi ha valore e quindi anche per noi stessi in presenza di una buona autostima. Nella superficie dei discorsi, che rappresenta le vertigini del cuore, si potrà allora dire di essere devoti al tal santo, a un ideale di giustizia, una persona che si ama teneramente, un'arte, anche se non sono molto convinta. Questa, più che devozione, è una forma di coerenza che ci permette, anzi ci spinge, a seguire le nostre passioni e non escludo che ci possa essere anche in questo caso una "salvezza", perché chi realizza un proprio desiderio vive in una dimensione di soddisfazione e serenità.

Non possiamo dimenticare esempi famosi di devozione al proprio lavoro o alla società che purtroppo sono costati la vita a persone che sono appunto morte per la propria attività. Mi sembra ovvio pensare a Falcone, Borsellino, al giovanissimo Livatino, oggi agli onori degli altari come beato, magistrati uccisi barbaramente dalla mafia contro cui hanno lottato fino alle estreme conseguenze. Per non parlare dei tanti giornalisti morti per aver diffuso notizie relative a organizzazioni criminali che ne hanno decretato la condanna, basti citare il mio conterraneo Giancarlo Siani o Ilaria Alpi, caduta in zona di guerra. Ma voglio riferirmi ai tanti eroi anonimi, appartenenti alle forze dell'ordine come ai Vigili del Fuoco o alla Protezione civile o ai corpi sanitari e parasanitari che hanno perso la vita per donarla agli altri, a quel prossimo che i Cristiani nominano spesso, ma non aiutano concretamente.

Voglio precisare che la devozione, soprattutto quella sacra, comprende in sé la resa/abbandono! Non intendo l'arrendersi di fronte a una situazione per noi impossibile da affrontare e risolvere, quindi un atteggiamento passivo e depotenziante di rinuncia, ma l'affidarsi con incrollabile fiducia a Dio o a chi potrà intercedere a nostro favore. In qualche modo ciò accade anche nella devozione laica: io mi arrendo perché decido di affidarmi a qualcuno di cui mi fido e sono sicura che agirà sempre per il mio bene. Riesco a comprendere e condividere la certezza che il mio Dio non mi deluderà mai, sulle persone ho qualche perplessità ma si tratta di una convinzione personale.

In seguito a varie esperienze, nel tempo, ho compreso che Dio non è un'entità che abita nei cieli, cui rivolgersi per ottenere favori o supporto, ma è la sorgente perenne di amore incondizionato, perdono e misericordia che ci ha creati per realizzare un progetto d'amore e successivamente ci ha donato la possibilità di salvezza. Ecco, io lo riconosco dentro di me, nell'eterna scintilla divina che abita il mio spirito e quindi, quando voglio rivolgermi a lui, parlo a me stessa e proprio a me dedico la devozione fondamentale: non tradire la mia essenza e ascoltare sempre la mia voce interiore, che mi suggerisce le soluzioni più adatte per conseguire il mio massimo bene. Io appunto chiedo a me stessa di realizzare i miei desideri, ex voto, ma non come conseguenza di offerte di candele o incessanti litanie, che qualcuno percepisce o meglio, confonde con la preghiera, che per me è esperienza assolutamente diversa da banali ripetizioni spesso svuotate di significato e ridotte a pura abitudine inconsapevole. Proprio l'aver scelto questa devozione a me stessa, tramite la quale riesco a connettermi al divino che sento dentro di me, mi ha permesso di capire che quando avverto squilibrio e quindi sperimento una crisi non devo preoccuparmi o spaventarmi, ma prepararmi ad accoglierla per migliorare la mia esperienza. Anche la preghiera che rivolgo a Dio non è mai richiesta, ma espressione sincera di lode e ringraziamento per tutti i doni che ho ricevuto e che continuerò a ricevere! Di fronte alla crisi, mi è capitato anche in occasione di un importante problema di salute, io mi fermo, immagino visivamente il nostro universo che continuamente si espande, individuo una massa confusa di materia luminosa e la vedo trasformarsi in una stella di incomparabile brillantezza che rischiara il mio cammino.

Talvolta senza sperimentare la crisi, accogliendola come momentaneo trionfo dell'oscurità, sarebbe impossibile cercare e ritrovare la luce che illumina la nostra coscienza. Nei momenti di maggior confusione ho scelto di prendermi una pausa di sospensione per vigilare e discernere. Ho sempre presente che la candela non va accesa in modo automatico davanti all'altarino di un santo, la cui pace non desidero disturbare con le mie richieste, ma nel mio cuore so che la tremula fiammella potrà innescare un grande incendio e la trasformazione alchemica avrà inizio.

Non so cosa scaturirà da questo processo di trasmutazione, ma sono certa che personalmente riuscirò a risorgere dalle ceneri come l'araba fenice, piena di energia, di entusiasmo e di passione proprio come mi suggerisce la mia essenza e certamente, in una notte oscura, vedrò brillare una nuova stella danzante che sarà il mio costante punto di riferimento e illuminerà il mio transito terrestre.

Ornella Aprile

∞ Libertà di essere ∞

di Arnaldo Citterio

Libertà di essere, gioia di esistere nel fuoco del destino, stilla dopo stilla...

Questa preghiera accoglie l'amore per l'amore, come può fare solo un uomo che osa sporcare un foglio bianco con un inchiostro intriso di pensieri.

È una prece alla vita e una richiesta di perdono, perché l'uomo esiste, desidera, spera e vuole ancora amare.

Invoca l'indulgenza per poter respirare il profumo dei fiori e sentirsi libero di arrendersi mostrando la sua personale devozione verso la vita. Ma quanta forza si può trovare persino nel momento in cui le forze vengono meno e, sul terreno consumato dal fuoco, tremare e cedere, ammettendo la propria resa dinanzi al rifiorire del Creato.

PREGHIERA

Oh infame realtà,

non lacerare il mio sogno,

non avrei più panni per coprirmi,

acqua per la mia sete,

né cibo per nutrirmi.

Neanche dell'amore quel bisogno avrei

ché un equilibrio senza rete

può essere puro

come bianche sono le ali di libertà.

Oh sogno invano,

non cedere ai fasti dell'ignoto,

ché questa luce

siffatta scura del tuo giudizio illuminato e severo

accetti di un uomo la prece

'si caduca di zolle fiorite

e tronchi di cipresso.

Avrei del desiderio la fonte

e agonia di sorte l'attesa

Ade ed empireo dell'eterna stoltezza che di uomo

ne è governo

fin dai giorni più antichi.

Oh sensi persi,

nella giostra che è vita,

senza scampo lasciati

o forse mai voluti,

delitti della mente mai sacrileghi.

Ritornate forti e sani

donando gioia infinita

ché il peccato è cosa da niente

se nelle mani

c'è dell'amore il sapore.

Oh sole Dio mio,

con il cuore

mantello degli affranti

perdona,

e con il calore

nettare degli dei

riscalda

quel prediletto chetato

ardore.

Infine,

assolvi in me la colpa

di voler per forza amare

dell'ortensia l'intenso profumo

e delle spine di rosa il dolore.

Solo così i ceppi arsi

potranno fiorire ancora

e i campi mai arati

finalmente donare.

Arnaldo Citterio

∞ Un amore supremo ∞

di Sabina Camani e Grazia Velvet Capone

L'amore e la musica risuonano della stessa ruscellante sinfonia: rivoli, torrenti, cascate di acque spirituali. Chi ama la musica conosce un Dio, uno spirito divino che aleggerà per sempre, ben oltre la propria esistenza, nutrito com'è di tessuti ed essenze superiori.

Nel 1964 John Coltrane registra l'album che segnerà l'apice della sua carriera e un fondamento epocale della musica jazz.

L'album dura poco più di 30 minuti, ma è completamente intrecciato, assolutamente intessuto di atmosfere sublimi e spirituali. Racconta il cammino mistico dell'anima potente di un uomo la cui razza ha subito sofferenze inenarrabili, legato alla Terra con una sua visione suprema, animica e universale.

Le liner notes con cui Coltrane accompagna il suo album hanno un cuore di fiamma, si alzano con una ispirazione devozionale senza pari.

Scrive Coltrane:

"Durante l'anno 1957, ho sperimentato, per grazia di Dio, un risveglio spirituale che doveva condurmi a una vita più ricca, più piena e più produttiva. A quel tempo, in segno di gratitudine, chiesi umilmente che mi fossero dati i mezzi e il privilegio di rendere felici gli altri attraverso la musica. Sento che questo è stato concesso attraverso la sua grazia. Si è vero;

La sua vocazione aveva assunto una via maestra, perché, tale e quale all'AMORE, la vocazione che chiama un uomo alla sua esigenza di vita primaria è ineludibile. La passione che si sviluppa da una forte vocazione è come una dinamo d'amore: non sai dove ti condurrà, non sai cosa ti chiederà, eppure si è disposti a lasciare tutto pur di seguirla.

La DEVOZIONE ne è subito inevitabile conseguenza. Non si può evitare di essere devoti a ciò che si ama, anche perché il talento insito nella Vocazione chiede di essere realizzato e donato, così come è stato donato a noi. Resistere a una vocazione apporta dolore, toglie enormi quantità di energia, per questo SURRENDER, l'ABBANDONARSI, la RESA al nostro vero cuore offre pienezza, motivazione, consapevolezza di sé e realizzazione di un pieno senso della vita. È però necessaria una buona autostima, bisogna mantenere in equilibrio l'asse dell'Ego e non nascondere i propri talenti temendo di mostrarsi pieni di sé o cercando di evitare le invidie altrui. Solo la presa di coscienza di essere niente, se non strumento di un potere inconoscibile che però conosce l'Amore, permette di superare questi limiti e ci consente di desiderare unicamente che ci sia dato acquisire i mezzi e le tecniche per offrire agli altri ciò che a nostra volta abbiamo ricevuto in dono.

Come dice Coltrane:

"Mi ci vollero anni e disciplina per capire che io ero solo uno
strumento, cercavo sempre di avvicinarmi, ma potei scrivere

*'A Love Supreme' solo quando volle arrivare. E allora arrivò
e si scrisse da sé, usando il mio sax."*

Da qualche parte, molto al di sopra della nostra individualità ci sono
stati elargiti doni inestimabili. Possiamo solo chiedere umilmente i
mezzi e le capacità tecniche per esprimerle in noi e nel nostro mondo.

*"Il nostro apprezzamento e ringraziamento a tutte le persone
di buona volontà e di buone opere del mondo, perché nella
banca della vita quell'investimento che paga i dividendi più
alti e più cari, offrendo solo apparenti sicurezze, non è quello
migliore".*

Liner note, John Coltrane

Psalm **A Love Supreme**	Psalm **Un Amore Supremo**
I will do all I can to be worthy of Thee O Lord.	Farò tutto il possibile per essere degno di Te, Signore.
It all has to do with it.	Tutto ha a che fare con questo.
Thank you God.	Grazie Dio.
Peace.	Pace.
There is none other.	Non c'è nessun altro.
God is. It is so beautiful.	Dio è. È così bello.
Thank you God. God is all.	Grazie Dio. Dio è tutto.
Help us to resolve our fears and weaknesses.	Aiutaci a risolvere le nostre paure e debolezze.
Thank you God.	Grazie Dio.
In You all things are possible.	In Te tutto è possibile.
We know. God made us so.	Sappiamo. Dio ci ha fatti così.
Keep your eye on God.	Tieni il tuo sguardo su Dio
God is. He always was.	Dio è. Lo è sempre stato.
He always will be.	Lo sarà sempre.
No matter what...it is God.	Non importa cosa... è Dio.
He is gracious and merciful.	È pieno di grazia e misericordioso.
It is most important that I know Thee.	È molto importante che io Ti conosca.
Words, sounds, speech, men, memory, thoughts,	Parole, suoni, discorsi, uomini, memoria, pensieri,
fears and emotions – time –	paure ed emozioni – il tempo –
all related ...	tutto correlato...

all made from one ... all
made in one.
Blessed be His name.
Thought waves heat waves
all vibrations
all paths lead to God.
Thank you God.
His way... it is so lovely ...
it is gracious.
It is merciful, thank you God.
One thought can produce
millions of vibrations
and they all go back to God
...everything does.
Thank you God.
Have no fear ... believe ...
thank you God.
The universe has many wonders. God is all. His way ... it
is so wonderful.
Thoughts, deeds, vibrations,
They all go back to God and
He cleanses all.
He is gracious and merciful...thank you God.
Glory to God God is so
alive.

tutto fatto da uno... tutto
fatto in uno.
Sia benedetto il Suo nome.
Onde di pensiero onde di calore
tutte vibrazioni
tutte le strade portano a Dio.
Grazie Dio.
Nel suo modo... è così adorabile...
è gentile.
È misericordioso, grazie a Dio.
Un pensiero può produrre
milioni di vibrazioni
e tutti tornano a Dio...
…tutto fa.
Grazie Dio.
Non aver paura... credi...
grazie a Dio.
L'universo ha molte meraviglie. Dio è tutto. Nel suo
modo... è così meraviglioso.
Pensieri, azioni, vibrazioni,
Tornano tutti a Dio
ed Egli purifica tutti.
È gentile e misericordioso ...
grazie a Dio.
Gloria a Dio, Dio è così
vivo.

God is.

God loves.

May I be acceptable in

Thy sight.

We are all one in His grace.

The fact that we do exist is

acknowledgement of Thee

O Lord.

Thank you God.

God will wash away all our

tears ...

He always has ...

He always will.

Seek Him everyday. In all

ways seek God everyday.

Let us sing all songs to God

To whom all praise is due ...

praise God.

No road is an easy one, but

they all go back to God.

With all we share God.

It is all with God.

It is all with Thee.

Obey the Lord.

Blessed is He.

We are from one thing ... the

Dio è.

Dio ama.

Possa io essere gradito ai

Tuoi occhi.

Siamo uno nella sua grazia.

Il fatto che esistiamo è

riconoscimento di Te,

o Signore.

Grazie Dio.

Dio laverà via tutte le nostre

lacrime...

Lo ha sempre fatto

Lo farà sempre.

Cercalo ogni giorno. In tutti

i modi cercate Dio ogni giorno.

Cantiamo tutti i canti a Dio

A colui cui è dovuta ogni

lode ... loda Dio.

Nessuna strada è facile, ma

tutte tornano a Dio.

Con tutti condividiamo Dio.

È tutto con Dio.

È tutto con Te.

Obbedisci al Signore.

Benedetto è Lui.

Veniamo da una cosa...

will of God ... thank you
God.
I have seen God - I have
seen ungodly
none can be greater
none can compare to God.
Thank you God.
He will remake us ...
He always has and
He always will.
It is true - blessed be His
name - thank you God.
God breathes through us so
completely ...
so gently we hardly feel it ...
yet,
it is our everything.
Thank you God.
ELATION-ELEGANCE-
EXALTATION
All from God.
Thank you God. Amen.

la volontà di Dio... grazie a
Dio.
Ho visto Dio - Ho visto
l'empio
nessuno può essere più grande
nessuno si paragona a Dio.
Grazie Dio.
Ci ricostruirà...
Lo ha sempre fatto e
Lui lo farà sempre.
È vero - sia benedetto il suo
nome - grazie a Dio.
Dio respira attraverso di noi
così completamente
così dolcemente quasi non lo
sentiamo... eppure,
è il nostro tutto.
Grazie Dio.
EUFORIA - ELEGANZA -
ESALTAZIONE
Tutto da Dio.
Grazie Dio. Amen.

JOHN COLTRANE- Dicembre 1964

Note finali.

Sabina e io, Grazia e io scriviamo queste parole da molti luoghi del cuore:
Portopalo per Sabina, e Gioiosa Marea per Grazia. Luoghi del cuore che si trovano in Sicilia, essi formano però un triangolo piramidale con l'attuale residenza nordica di Sabina, situata tra la pianura padana e la laguna di Venezia.
Ritrovarci al centro di queste correnti energetiche è stato molto significativo perché entrambe siamo appassionate di musica, canto, educazione etica e letteratura.
Entrambe siamo grate per queste humili et pretiose energie e per il loro incontro.

Sabina Camani

Grazia Velvet Capone

∞ **Scrosci** ∞

di Anna Frediani

Ti ho amato

Ti ho amato scherzando

oltremodo ridendo

tra le ciglia cantando

sotto l'acqua

nel getto

delle danze segrete

rituali su corpi

profumati di noi

Ma se adesso non torni

perché ancora trabocchi?

Perché scrosci

e mi annacqui

in bruciori di guance

sotto gocce scavate?

Chi ti ha dato il permesso

di sgorgarmi dagli occhi?

E negli occhi

davanti

increspati da brezze

due laghetti d'oltralpe

che resistono al sole

in un falso rientro

Mentre tu

da altri viaggi

stai tornando

con lei

Ma ti ho amato

Ti ho amato vibrando

E anche in questo momento

in cui tremo

e non parlo

ti sto amando

Nel pianto.

∞ **Sempre, ovunque, nonostante** ∞

di Anna Frediani

Eppure la aprirei

e riaprirei

anche ora

Mille

e mille volte

ancora

Sotto buriane folli

sfidando coltri e gelo

la impregnerei di nebbia

la sbatterei nel vento

la intriderei di pioggia

e ti farei entrare

Se solo

lo volessi

Tu

che dalla soglia

inonderesti luce

qui

sulla mia pelle

un brivido di azzurro

tra dune e calde terre

a denudare il cielo

a perlustrare spazi

non più concessi a labbra

né più scoperti a sguardi

E arresa alle tue braccia

in tregua

finalmente

a casa sul tuo corpo

consegnerei di nuovo

all'uomo

che io sento

quel battito di amante

Cercato

atteso sempre

Ovunque

Nonostante.

∞ **Ancora** ∞

di Anna Frediani

Ho un fiume che scorre

increspato leggero

nei miei anni passati

dove ancora rifletto

la tua mano

distesa

che stringeva la mia

Mille passi intrecciati

a scambiarci la vita

Poi ti ho visto mutare

hai distolto lo sguardo

rigettato il mio tocco

raggelato il tuo canto

e a me sola

è rimasto

di guardarti svanire

Senza passi intrecciati

quanto ho odiato le dita

Poi mi sono fermata

ho scarnito la pelle

lacerando le ossa

Poi mi sono placata

ho curato il perdono

sulla carne percossa

Poi mi sono seduta

ho sperato un ritorno

levigandomi il petto

come un sasso che aspetta

dolci acque

in fluire

sopra argine secco

E qui ancora

impietrita

sul mio letto

ti aspetto.

Anna Frediani

∞ La buona stella ∞

di Manu Mabon

Amore è assoggettato al vincolo del desiderio, che unisce due cuori imponendo loro di legarsi in un progetto di vita comune. Sembra che la parola "amore" derivi etimologicamente dal termine mediterraneo *amer*, che è messo in relazione a "desiderio": da questo termine derivano anche la parola "ameno", "amico", ma anche "amaro". L'etimologia del termine "desiderio" deriva dal latino *desiderium,* composto da *de* e *sidera*: "sentire la mancanza delle stelle".

Se siamo *dividui* (termine proveniente dalla radice indoeuropea *vihd o veid, ovvero "mancanza, perdita"),* abbiamo il bisogno, la necessità di trovare completamento in un'altra persona. In questo senso, la preferenza d'amore soggetta al bisogno diventa l'antitesi della scelta. Affinché, quindi, si possa parlare di libera scelta, deve emergere la capacità di autonomia generante l'individuo, cioè il soggetto che si libera dalla dipendenza infantile per raggiungere la propria autosufficienza, e attraverso il desiderio si libera, così, dal bisogno biologico di entrare in relazione.

Il desiderio può essere eterno, mentre il bisogno si può esaurire con la "scarica". Il desiderio permette una relazione appagante laddove c'è devozione reciproca, e una simbiosi densa di fantasia e creatività. L'Amore è Vita. L'Amore è sacro. Senza amore si muore. È proprio per questa temibile paura della morte, che si ama: Amore come derivazione del greco "a" privativo; "a" - latino "mors mortis" "more", ovvero assenza della morte, immortalità. L'amore non ci avvicina forse al Divino? Come sosteneva il trovatore Jacques di Baisieux *"l'Amore non appartiene all'anima razionale ma alla follia degli Dei"*.

L'Amore non è, quindi, devozione?

Amore significa perdersi nell'amato bene, **arrendersi** all'amato bene che ha saputo cogliere la nostra follia. La Devozione nei Tarocchi può ben essere rappresentata dall'arcano XVIIII Il SOLE, carta maschile, che ci rimanda a un'unione felice, costruttiva, ai rapporti indissolubili, ai valori, al... "sono tutto per te". Sana sessualità, sesso direzionato dall'Amore, Amore che va oltre il sesso.

Arrendevolezza La rappresenterei con L'Arcano XX IL GIUDIZIO: benessere affettivo, pace, passato sentimentale che ritorna, amore che si presenta e contro il quale null'altro è possibile se non la resa e l'abbandono. Ma anche sublimazioni sessuali e unioni karmiche. Nulla si può... quando c'è Amore.

L'AMORE...beh...di certo l'arcano XVII LA STELLA: Venere, la sessualità, il sentimento, nuove percezioni di cose fisiche e sessuali, fascino. È la Lama dell'Amore come "pozzo senza fondo", quasi *posseduto* dal sentimento stesso. L'archetipo sconosciuto che abbiamo dentro di noi, ma del quale ci possiamo fidare perché... "è la nostra buona stella" (mi si perdoni il gioco di parole) e saprà sempre dove meglio indirizzare il nostro cuore.

Simboleggia l'azione generosa (che è altresì una forma di devozione), l'Amore anche Divino, e la speranza associata alla creatività di trovare il proprio posto nel mondo. Ed è arrendevole! Assorbe e distribuisce in egual misura pur restando sempre costante e fedele a se stessa e ai suoi sentimenti.

Così come si dona alla terra, si dona alla carne e alle ossa.

Infinito è il suo ventre che riceve e lascia nascere.

Manu Mabon

∞ Devotio monastica ∞

di Donatella de Vincentiis

Nelle sue espressioni più alte la devozione si manifesta nell'offerta della propria vita, nel *sacrum facere* di sé, nella consacrazione al Divino, all'Assoluto, nelle forme di vita monastica. Il voto sigilla un tempo deciso e decisivo, in cui ogni atto si compie per l'Eterno e diventa così valore o disvalore per l'Eternità. Nel voto il monaco perde la sua volontà.

Il devoto esprime la sua *fides* attraverso il rito liturgico, ma in verità è la vita quotidiana stessa ad assimilarsi a un rituale, a una liturgia, dove ogni azione è ispirata da un raccoglimento interiore e acquisisce così un senso di compostezza e solennità.

Il *vir Dei* è il *mònos*, l'interiormente unificato, sempre pronto alla chiamata divina, tanto da dormire vestito e cinto, secondo i precetti della *Regula Benedicti*, non solo per essere pronto per le *Vigiliae* notturne, ma anche in segno di attesa escatologica.

In oriente nella spiritualità induista la devozione è detta Bhakti ed esprime un amore totalizzante per il Divino o per il maestro che si manifesta nell'abbandono o resa, *surrender*: l'ego si annulla nell'unione divina; un esempio di un tale amore mistico lo troviamo nei Canti di Kabir. La posta in gioco è sempre la vita stessa nella sua totalità. Questa altissima qualità di amore si esprime nei minimi gesti, a volte traspare anche dalla vibrazione dell'essenza sottile, eterica della persona. È un privilegio condividere attimi di queste vite straordinarie, scoprendo sentieri meravigliosi, che nulla hanno in comune con il mondo esteriore, sentieri che affondano tra dune di silenzio.

Ci sono canti come il Gregoriano che nascono dal silenzio ed elevano a stati metafisici, la vibrazione dell'anima del cantore tramite la voce può esprimere trascendenza ed è paragonabile alla presentazione di un'offerta all'altare, consacrazione al Divino. È inesprimibile quel senso di profondità che tocca direttamente lo spazio dietro al cuore, in cui secondo Aurobindo, risiede l'essere psichico, la nostra essenza divina, la memoria profonda delle origini.

Ho conosciuto questo sentimento moltissimi anni fa in un monastero di clausura di benedettini francesi della scuola di Solesmes, che si erano stabiliti in una villa nei dintorni di Firenze, a Gricigliano. Il canto gregoriano seguiva un ritmo libero, ascendente, con variazioni tonali eteriche, purissime, estremamente spiritualizzate. Durante la liturgia perdevo il contatto con la mia storia, la luce permeava la pietra della finestra. Un monaco simile a un angelo dai lineamenti nordici perfetti, suonava a occhi chiusi note appena accennate sull'organo. Solo alla fine della celebrazione potevamo scorgere il suo straordinario sguardo azzurro.

Ci immergevamo in un percorso partecipi di un'esperienza meditativa ed estetica al tempo stesso, per le sublimi melodie e la bellezza della gestualità dei rituali, gli inchini, le prostrazioni, l'incenso... Si aprivano visioni aurorali.

Dopo sette anni il monastero chiuse le sue porte e i monaci tornarono all'abbazia madre di Fontgombault, in applicazione della Regola che lo imponeva, in assenza di nuove vocazioni nel periodo. All'epoca iniziai a scrivere la mia tesi sull'horarium benedettino e cercai una guida nel priore del Monastero di San Miniato al Monte. I suoi molteplici impegni sociali e culturali un giorno lo trattennero oltre l'ora fissata per il nostro incontro. Fu così che all'angolo del chiostro per una coincidenza incredibile vidi camminare con passo solerte l'organista del monastero di Gricigliano, non più con la veste nera, ma bianca dei monaci Olivetani.

Fu bellissimo parlargli del ricordo di Gricigliano e della mia tesi. Lui mi spiegò che aveva fatto studi personali ed originali sull'horarium medievale delle ore ineguali e che volentieri, se il priore acconsentiva, mi avrebbe seguito nell'approfondimento della mia tesi. Aveva anche trasformato in partitura i vari tempi monastici delle ore, in uno svolgimento armonico della vita, accordata ai ritmi naturali e cosmici. Con il suo aiuto affrontai i diversi testi e commentari sulla Regola e gli fu concesso di leggere i vari capitoli del mio studio, sempre più coinvolgente, fino alla discussione della tesi, alla quale con gioia ha assistito.

Fui poi invitata a cena nel monastero e partecipai alla Compieta con i monaci. Lui ci servì la cena, cucinata con cura. Fu un'emozione grandissima, immensa, vedere il sole tramontare dal chiostro. Nei nostri incontri ho potuto conoscere qualcosa della sua vita sorprendente… Figlio di una importante famiglia di produttori di vini, dopo la laurea in agraria e al conservatorio, decise di abbracciare la Regola, come i suoi due fratelli maggiori monaci, ma con una scelta ancor più radicale, come semplice converso dedito ai lavori manuali, comunque soggetto alla medesima rigida clausura dell'ordine francese.

A causa di un lungo periodo di fragilità fisica e psicologica, che poteva trovare beneficio in una clausura moderata, l'abate aveva chiesto per lui ospitalità presso i monaci bianchi dell'ordine olivetano, dove restò per oltre 10 anni. La sua storia si riassume in poche righe:

in obbedienza totale alla volontà dell'abate, il rientro in clausura estrema, nel monastero francese di Triors, nella completa abnegazione, fedele fino in fondo, nonostante i gravi problemi di salute.

Devozione è una storia che si scrive con la vita e che lascia una grande nostalgia. Una lettera una volta l'anno, l'unico contatto con il mondo.

………...

Un altro amico, monaco orientale, mi raccontò la sua storia profondamente diversa, di tentata fuga da sé e di ritorno. Quando la strada sembra smarrita, presenze angeliche riportano chiarezza di visione, pace e sostegno al cammino, orientando nuovamente l'anima alla chiamata originaria, confermando la volontà e la scelta fondamentale.

...Come una visione la striscia di deserto si allungava verso un mare cupo, coperto di nuvole basse. Era là da un tempo imprecisato, senza pace, chiuso come una pietra. Anche le pietre stesse sembravano opporglisi, come demoni senza volto.

Che strano quel viaggio nell'anonimato, nel nascondimento, nello smarrimento progressivo di sé, nell'oblio della propria identità e della propria storia. Aveva tolto ogni segno esteriore della propria identità, nulla che gli ricordasse la scelta, la chiamata, i doveri che lo avevano reso stanco e depresso. Una vera vacanza da sé, nel senso più letterale del termine. Ma non era affatto sollevato, un profondo malessere lo soffocava. Tuttavia, incatenato alla malia del luogo, non riusciva a tornare. Una sera un giovane sconosciuto gli venne incontro, chiamandolo Padre e invitandolo a tornare a casa. Fu un trasalimento improvviso per quell'inspiegabile riconoscimento da parte dello sconosciuto.

Dopo un primo momento di stupore, in silenzio, improvvisamente scosso e sollevato da quello stato d'animo negativo, velocemente radunò le sue poche cose e senza fare domande seguì il giovane, che lo avrebbe riportato in città, all'albergo da cui fare ritorno a casa, al monastero. Arrivati all'hotel portarono dentro i bagagli. Solo a questo punto sentì di dover ringraziare lo sconosciuto misterioso. Si voltò per parlargli, ma era scomparso. Allora chiese ai presenti del suo accompagnatore, dove fosse andato. Ma tutti gli risposero di aver visto entrare solo lui, non c'era nessun altro.

Soltanto allora ricordando quello sguardo luminoso, con commozione riconobbe nel giovane, Raphael, l'angelo dei viaggiatori perduti, che lo aveva accompagnato in silenzio sulla via del ritorno, riportandolo a sé.

Donatella de Vincentiis

∞ L'amore è pura follia ∞

di Tara Nicoletti

MA COSA NE SA L'UMANO DELL'AMORE!

C'è un amore che strappa i capelli
che morde emozioni
di rabbia arroventa.
Imperla la pelle
di gocce trasuda
ma non dura.
Un amore che geme
che stenta
che rema lontano nel mondo di canti e sospiri.
Un amore che vive di spiagge deserte
in sogni perduti
 ricordi antichi e lacrime amare.
Un amore che non conosce domani.
E poi
c'è l'Amore.
Silenzioso
sottile
impalpabile fremito.
Si leva virgineo
Gaudente.
Di vittoria

intorpidisce il gesto.

Disorienta i cuori

disintegra parole

vibrazioni devasta.

Lascia che il pensiero aleggi e

all'Immenso si volga.

Il nulla è Tutto

Il tutto è Nulla.

Qual è il confine, dunque, tra ciò che dico, penso e sospiro, tra me e te, che sembriamo vicini? Eppur, così lontani l'uno dall'altro, abbiamo posto i cuori. Io e te, due o uno? E colui che, Uno, dalla Sua Luce è spinto oltre, chi è? Colui che non vede più il confine e libero tra i mondi passa, chi è? Silenzio. Io e te siamo in un Punto, eppur, in Quello, non siamo più io e te. Nullo risulta l'avere, il dare, il possesso, la mancanza, prendere o lasciare, idea di io e di te, di noi e di loro, di Dio. Appartenere è l'unica possibilità che si offre in veste di verità al mondo. Nessun fratello, amico da odiare, proteggere, amare o annientare. Soltanto l'appartenenza a un Disegno che porta oltre il mio, tuo, nostro, loro piccolo recinto. In fondo, se si deve chiedere: «Mi ami?» è perché si dubita di quell'amore. Gesù lo chiese a Pietro e Pietro lasciò a Lui stesso la risposta reale: «Signore, tu sai tutto, lo sai che ti amo». Gesù sapeva: aveva paura, Pietro? Fatto sta che lo avrebbe rinnegato per paura. Ma, anche questo era parte del Disegno, così come l'atto di Giuda. A lui era spettato il lato più infame di tutto ciò che, per Amore, si doveva compiere. Perché proprio lui? Perché nella scelta dei compiti, la Necessità si allinea alle Leggi Cosmiche. In quel caso, Karma e Risonanza intervennero a far scendere un Destino. Coloro che seguono il Maestro sono pronti ad accettare che sia ciò che deve essere e si preparano praticando la Bhakti, l'unica, potente forma di Devozione, perché non accada che nell'abbandono si perdano, dissipando consapevolezza.

IL PUJA AI SUOI PIEDI

Ricordo la prima volta in cui mi trovai ai Suoi Piedi di Loto, in un profondo Puja, offerta al Divino, spoglia di ogni ragione che la paura potesse sostenere, mi offrii, libera di accettare l'esperienza che, in un tempo fuori dal mio tempo, mi avrebbe rivelato la Verità. Ai Suoi Piedi misi la mia *Innocenza* e fui alleggerita dal Karma di cui mi ero fatta carico, quando ero solo Luce. Tutto accade per Amore, tutto accade perché la Coscienza si manifesti nel ricordo di chi siamo veramente. Non potevo immaginare quanto questo non premeditato atto, scevro da razionali concettualizzazioni, cause e conseguenze, aspettative, questo "non fare" libero da voleri personali, mi avrebbe salvata dall'abisso della colpa una volta in cui la mia ombra, in virtù di incontrollabili sinestesie, si fosse concretizzata, oscurandomi il procedere. L'Essenza Divina, nella forma del Guru, accolse il mio Puro Intento e lo assicurò protetto nel Suo Amore, per restituirmelo integro nel momento in cui il bisogno mi avrebbe ricordato di chiedere aiuto. Attraverso quell'Intento e quell'atto di totale resa, mi giunsero, non richiesti, effluvi d'Amore che mi salvarono dal perdermi nel mio inferno ghiacciato. Sentivo che ero stata accolta tra le braccia del Parama

Purusha, il Supremo, e il Divino mi colmava di Saggezza, mentre tutto trovava compimento in me, che accoglievo e mi riconoscevo Felice Nullità. Nulla da ricordare, nulla da dimenticare, nulla da difendere: ai Suoi Piedi, nelle Sue Mani, Io Sono Quello.

Compresi, molto dopo, praticando con più stabilità e insegnando, che la Coscienza del proprio sentire profondo avvisa con cospicuo anticipo del Karma che sta per scendere, e concede, per Risonanza, di connettere i neuroni: connettersi, connettendosi al Piano. Il punto è fidarsi di ciò che si intuisce perché, in quegli istanti Eterni, la matassa si sbroglia e i raggi di luce illuminano Verità. Il Punto è sospendersi, perdere la propria identità, per espandersi. Gioia e Jaya!

È così che si diventa LIEVITO DI GIOIA, utile alla costante panificazione, perché chi ha fame ne possa mangiare. È così che si diventa ACQUARIO che fluisce di Acqua Pura, perché chi ha sete ne possa bere, nell'intento della Vittoria Christallina (ChristalJaya). Gli attuali tempi, non conoscono il vero significato di *Devozione* perché non si conosce Disciplina che stabilizzi un Intento. In questo momento epocale, per molti versi, ingannevole gioco di specchi, si attraversa la difficile prova del mentale, un corpo che affascina e imprigiona nell'arroganza del credere che ogni cosa, per essere reale, necessiti di essere dimostrata razionalmente. Una trappola per tutti coloro che credono di percorrere la via dell'emancipazione, scordando e vanificando tutte le fatiche che i Saggi hanno sopportato per dare indicazioni dell'inevitabile processo a cui saremmo andati incontro. Il mentale, come gli Yogi sostengono, viaggia a briglie sciolte, un cavallo selvaggio, una scimmia impazzita

Opera di Vladimiro Lunardon

sotto l'effetto del morso di una tarantola. La mente possiede il potere di distruggere e di salvare. Molte sono le istruzioni date in merito all'uso consapevole della mente e dei vari corpi, a noi la scelta.

Sicuramente la cosa peggiore che si possa assecondare è la credenza che essere devoti sia una prigione e, ancor di più abbracciare la "modernità" che spinge a liberare da un lato esplosioni incontrollate di emotività, dall'altro il contenimento di critiche che ostentano giustizia ad oltranza nella razionalità, rifiutando l'umiltà necessaria per inchinarsi e farsi benedire dalla Grazia, nell'abbandono di quel gigantesco "Io so tutto" che sbarra la via a ogni salutare dubbio. I tempi sono cambiati, ci si rivolge all'intelletto, agli obiettivi, alla programmazione, alla pianificazione, alla gestione matematica, ai risultati cosiddetti tangibili e, sempre di più, ci si allontana dal sottile pensiero dell'Anima, che si restringe in un angolo dell'essere, in attesa di respirare ancora la Vita, la Devozione alla Vita. Siccome non si può non essere devoti, si diventa devoti del nulla, ci si vota al nulla, aspirando alla chimera dello star bene, il nulla. La Devozione è la forza che traina e permette di superare i limiti che l'umana condizione formalizza in stato di paura: se non si è Devoti, non si può Sognare. Lo Scopo della discesa, il BiOsogno, non trova viatico e si riduce ad una continua richiesta di sogni a occhi aperti, spinta da una costante insoddisfazione. Il risultato è il continuo desiderare qualcosa e l'accumulo di distrazioni di ogni genere, che ne coprono l'incapacità di concretizzarla. Non essendoci Progetto dell'Anima, la mancanza è incolmabile. Il disordine impera in tutte le aree della vita e, ingombrante, ostruisce la Visione. Qual è la Verità? A cosa si sta rispondendo?

Perché, nonostante si possa avere il necessario, si vive nella scarsità, la mancanza?

"Tu sei qui". Mi disse il Maestro in un Sogno Consapevole, mentre mi indicava il Suo Cuore. In un istante la Pienezza mi raggiunse e riconobbi l'Essenza di "Ananda", Gioia, Beatitudine. Ero corsa alla Sua chiamata, più di un mese prima, prendendo un volo per Calcutta e, in una settimana, lasciato mio figlio di soli sette anni alle cure del padre, ero in India, dove rimasi per oltre un mese. Giorni in cui si cantava e ci si perdeva nel canto e nei lunghi mantra, seduti in meditazione, e in lunghe file che si creavano, nella speranza del Contatto personale col Guru. Giorni in cui non era sicuro che avremmo mangiato e notti in cui non si sapeva se avremmo riposato.

Io avevo trovato un posto della misura del mio sacco a pelo in una stanza con altre donne ma, arrivando in ritardo, una notte, fu occupato da un'altra. Non mi rimaneva che il corridoio, senza ventilazione, in quel luglio monsonico pieno di ogni genere di insetti, compresi luminescenti scarafaggi che mi fecero compagnia in quella notte inaspettata, in cui sperimentai una gioia che non era legata a niente, io non avevo niente, solo gioia di essere lì col mio essere.

Dopo un mese di attesa in lunghe file sotto il sole, i monaci ci comunicarono che il Guru aveva chiuso le udienze, rinviate a una prossima volta. Non nascondo la mia delusione, ma anche il sollievo e la certezza che l'avrei incontrato. Così fu, lo incontrai nella Devozione, in altri Piani: "Tu sei qui". Aveva affermato, e io rimasi lì, nel Sogno di Vita che mi indicava.

Come può l'umano spiegare l'Amore, se non attraverso la Follia? Attimi in cui il piccolo io si immerge nell'Immenso del Sé e si espande, perdendo i suoi confini, la forma che lo costringe a difendersi per non morire. L'Abbandono all'eterno momento presente, a quell'attimo che altrimenti fuggirebbe senza essere stato notato, è Amore, connessione con la Verità che in continuazione si crea e si distrugge. La fiducia irrazionale nella bontà, nella bellezza, il non sapere, pur sapendo tutto, è Follia.

È ciò che s'intende per Salto all'Altro Io: il salto a uno sconosciuto a cui si è chiamati ad abbandonarsi, senza chiedersi perché questo avviene e a cosa porterà ma, semplicemente, vivendolo. *Bisogna rischiare di morire per Vivere con coscienza. Bisogna perdersi, per ritrovarsi.* L'Amore, quello Vero, è Folle. L'Amore, quello Vero, non conosce paura, si espande nell'incommensurabile. Va oltre i confini della piccola mente che si regge su meccanismi di un codice binario: sì/no. L'Amore supera follemente "sa làcana", in Sardo, il confine che il piccolo io ha posto a protezione del suo territorio, rafforzandone l'ombra che, minacciosa, allontana chiunque non chieda il permesso di entrare. L'Amore è pura Follia, non chiede il permesso. Non diciamo, forse, quando siamo innamorati: "Sono pazzo di te?" Pur non sapendo minimamente che stiamo sperimentando un assaggio di quella pura Follia.

Ma è stato mai concepito l'Amore, senza Follia? Mai, che io sappia e ricordi. I Mistici, i Santi e i grandi Devoti lo sanno, perché sono da sempre i Folli di Dio. Non temono nulla, Amano, e nessuno osa toccarli. Folle è colui che conosce il Disegno, senza conoscerlo, che libero viaggia, spinto solo da ciò che sente dell'Oltre, della sua Spinta Blu, nell'alto del cielo come nelle profondità del mare. Ti devi sporgere oltre quel confine che il "te stesso" ha posto come limite e vuole tenere per salvarti dall'Oltre, dallo sconosciuto.

Non sai ancora cosa troverai oltre, ma ciò che già senti, avvicinandoti sempre di più, lo lascia intuire. Oltre, la relazione, il suo grido, spaventa colui che, povero di virtù e visione, vive già di paura, e rende potente colui che è ricco d'ogni tesoro dell'Amore, perché questo può l'Amore in chi Amore è: andare fino al confine di se stessi e, in quel liminale, incontrarsi: *sa làcana*, forse inconsapevolmente, permette anche questo avvicinamento. Proprio lì, dove la coesione attrattiva dell'Amore pone il ricordo della dualità e dell'importanza di sperimentarla per aspirare all'Uno. Separarsi può avere un unico elevato Intento: sentire la potente forza dell'Amore che ricongiunge, mentre già si sta rivelando l'Essenza dell'Amore.

Per evolvere, è noto, non basta estendere la conoscenza all'infinito: essenziale è che l'infinito entri nella propria coscienza. Nell'Incontro che ricongiunge, questo miracolo accade e qualcosa di quel piccolo io viene ceduta per far spazio al Sé. *Di tanto in tanto, bisogna fare cose Semplici. Per esempio: Illuminarsi d'Immenso.*

Io Sono onda

che coscienza cavalca.

Moto

che ritmo scandisce.

Forza

che indica l'azione.

Intento

che scopre i tuoi pensieri.

Io Sono ciò che ti sfugge di Te.

E di Te racconto

un sogno

un brivido

un attimo

un respiro

che senza tempo

ogni sempre emana.

Nessuna stoltezza si desti

a spiegar con personale ardire

ciò che l'Artista ha amato

con la sua Follia

dire.

Il Folle, ci ricordano i Tarocchi di Marsiglia, viene rappresentato dallo
0, a indicare il senza numero: energia originaria, pura e senza limiti,
il Caos primordiale che non risponde ad alcuna precostituita necessità.
Piuttosto, egli è la sua Necessità: la necessaria libertà dai limiti so-
vrapposti. Pertanto, non risponde più a nessuna convenzione, né convinzione, che la discesa nella forma impone su ogni livello di pensiero
e coscienza. Conscio del proprio essere, è nella sua Follia, che pare
gestire ai fini di un Disegno Divino, rappresentando solo se stesso, nel
qui e ora. Autenticità nel diritto di cambiare, riconoscendosi sempre

se stesso, in relazione al momento di cui non vanta conoscenza razionale o intenzionale, ma ne vive la pienezza, senza mai intervenire attraverso il piccolo, speculativo io. Nessun donare o togliere, nessuna vittoria o fallimento che ricordi l'inesorabile giustizia umana, lo tocca, poiché egli vive nell'abbondanza e nella prosperità della supercoscienza. Essendo il presente il solo tempo che conosce, il suo mentale, le sue emozioni, il suo sentire profondo sono irrorati da intuizioni, da telepatici contatti, mentre legge l'Oltre nella poesia e nell'arte che esprime. Nessun dovere, tempo o luogo lo possiede. Il suo essere lo unisce al Mondo, Arcano 21, che egli attraversa, andando Oltre, nel 22. È, dunque, fuori dal Tarocco, pur essendo dentro.

Senza peccato, gocciola il Divino ed Egli non pone ombrello.

Sì, Folle è colui che, senza un'apparente motivazione, agisce come mosso da una forza alta e concreta, dirigendosi dal qui e ora al qui e ora, senza sosta, in piena libertà. Chi è costui, se non un Folle di Dio?

Libera passo tra i Mondi e Vivo

C'è silenzio, ora

anche il vento tace.

È l'Anima

che sento andare

oltre ciò che si compie.

Il mondo non potrà mai eliminare la mappa che aderisce al paradigma del dolore e della povertà, finché la colpa sarà una realtà e la mancanza dominerà sovrana. Se l'Amore, nella Coscienza della Libertà di

Essere Amore non prenderà dimora negli atomi dell'umano concepire, l'Opera non potrà dirsi compiuta e si continuerà a nascere e rinascere, cercando di radicarsi in ognuna delle esistenze, mentre la paura di perdere la forma diventerà insopportabile.

In un mondo di apparenza, tutto sembra a portata di mano, ma niente lo è. Come nel paese dei balocchi, tutto appare facile e raggiungibile, basta salire su un palco e che ci sia una platea pronta ad applaudire: il burattino, a quel punto s'inchina, ringraziando. L'inconsapevole leggerezza di un sentire acerbo e disallineato l'ha reso tale e lo sostiene, perdendolo, attraverso l'illusorio perpetrarsi di un eterno conosciuto che nulla assicura, se non l'acredine nel susseguirsi dei giorni, mentre insegue la vista di una frastagliata, quanto fragile, promessa di realtà. Non conosce Amore il burattino, non sa neanche di essere un burattino.

Il piccolo potere avalla l'illusione di felicità, porgendola, allettante brama, con la seducente prospettiva di un futuro da sogno. Ma, ahimè, nessun futuro certo nel sogno che, per sua natura, s'apre in un istante sconosciuto, in una sospensione del bisogno. Nessun futuro certo nel sogno attanagliato a un desiderio e trasformato umanamente in obiettivo. Si sta, forse, confondendo l'Amore con l'avido desiderio di affermazione, considerazione, apprezzamento, valutazione? L'Amore con la promessa di agi e felicità? Un amore che dà, pronto a ricevere ciò che crede gli sia dovuto, avendo dato? La distorta interpretazione di una realtà già compromessa che, a viverla, compromette l'esile filo di vita, ciò che resta di un essere senziente. In tutto questo inganno, pare che la verità si sia stancata di correggere i tiri mancini che pullulano, indegni soccorritori degli ingenui e mal riusciti tentativi di farla franca di fronte alle Sibille. L'incenerimento sarà la pena che condurrà all'oblio. Eppure, quell'Essenza nell'umano è ancora viva, il burattino può ancora percepirla e animarsi. Qualcuno che possiede la Vista l'ha riconosciuta. Per tutti gli altri, cosa si deve, dunque, immaginare? Che sia anche questa un'illusione? La più vera, sia pure la più infida delle illusioni? Forse, completamento del Disegno.

Tra il cielo e la terra

un pensiero e una parola

il tramonto e l'aurora

un sì e un no

si compie ciò che

in fondo

sempre uguale si ripete.

"Bisogna avere finezza, per sopportare l'ebbrezza", mentre l'Amrta inebria i neuroni, permettendo alla Conoscenza di non perdersi nelle distrazioni umane.

LA LEVITÀ DELL'AMORE

Come tutto ciò che l'Infinito emana, anche l'Amore si cala e assume forma: levita nel cuore e nella mente e, al pari di una piuma, accarezza l'Anima. La sua imprescindibile, quanto impalpabile, eppur ponderosa presenza, sostanzia la vita, rendendola leggera e irrinunciabile avventura. Fluente, sacro e vitale, l'Amore delimita la sua immensità in confini, tale che l'essere umano possa usufruirne in conformità alla sua coscienza e al suo grado di evoluzione e, infine, liberarsene, per entrare nella perfetta Unione, attraverso la Vista Christallina che lo apre alla Vittoria. Il benefico flusso dell'Amore, che solo nel presente può essere riconosciuto, è uno e uno soltanto, mentre possiede tanti e tanti modi di mostrarsi. La sua Matrice, nella materia si individua nel punto centrale di ogni atomo, la luce fotonica, a ricordo dell'Immenso. Così, dal Grande al piccolo, l'Amore scivola fra i lembi del tessuto atomico e incide, con la firma dell'Uno, la Materia, consacrandola e rendendola degna del ritorno, dal piccolo al Grande. Questo, il Progetto Divino di cui l'Amore è artefice: Unire gli opposti, l'Intento che regge ogni manifestazione di Vita. Ebbene, sì: la Vita è retta da un potente Intento di Unione che conferma in ogni istante l'Amore che è in tutto ciò che È.

Un significato che solo nello Spirito si può cercare di intuire. Nonostante l'Infinito non possa essere dal finito concepito, se non attraverso la forma del finito stesso, l'Amore si percepisce nella sua entità, in base alla coscienza che si ha di sé. Soltanto questo si può vedere e amare in sé e intorno a se stessi: "Se non ti amo, è solo perché non Ti Vedo". Ma, cosa non Vedo Essenzialmente? Quella parte di me che, libera e luminosa, potrebbe rispecchiarti. Quindi, se non ti Vedo è solo perché non mi Vedo; se non ti Riconosco è solo perché non mi Riconosco. Amare, in questa prospettiva, indica più che una semplice relazione, sottolinea che l'altro non esiste separato da me: se Amo, Amo solo Me Stesso. Io sono per me stesso lo strumento d'Amore, responsabile di tutto ciò che si apre nel mio percepito. Non sto a disquisire di quanto l'umano abbia speculato su questa Verità, traducendola nella sua grande menzogna: una meschinità che conduce all'auto punizione, nella speranza di sfuggire all'ira di Dio.

Così ha trovato il modo per raccontarsi quanto gli altri non lo amino, quanto il mondo e Dio non lo amino, quanto sia reietta la sua presenza e, sentendosi anche in colpa, piuttosto che accedere alla possibilità di assunzione di responsabilità, che gli avrebbe conferito potere, onde riconoscersi abile nel dare risposte coerenti, ha pensato di sfuggire a ciò che ha reputato "giustizia divina" , pendolando tra il buttare la colpa fuori e portarla dentro, con le relative conseguenze di vendetta che l'hanno portato ad autopunirsi e a punire. Una catena di dolore inflitto e auto inflitto si è ingenerata, senza possibilità di redenzione, se non attraverso la Compassione per una tale incoscienza, che vede, da sempre, di generazione in generazione, tramandarsi il grave fardello della colpa. Nessuna religione ne fa mistero, anzi, spesso è la leva per avvicinare il fedele a Dio, che intanto sa di non aver mai smesso di essere la Sua Unica possibilità: Amore.

Stando così le cose, non si può non riflettere su una nota tanto evidente, quanto sottesa e taciuta abilmente da un inconscio che, colmo di paura, ha tentato il suicidio. Nonostante l'Amore sia unico nella sua essenza, dovendosi calare nella forma, ha avuto bisogno dell'altra polarità: ed ecco che ogni essere vivente sulla Terra ha conosciuto e conosce, per sopravvivere, la PAURA, degno polo opposto dell'Amore.

Una qualsiasi forma non riconosciuta come amore, manifestandosi, genera paura che, a sua volta, produce difesa, attacco, rimandando una sequela di rabbia, rancore, colpa, risentimenti e rifiuti di ogni genere. Il punto non è la condanna della formalizzazione dell'Amore, ci mancherebbe, vorrebbe dire l'estinzione della vita, quanto il modo di interpretare le percezioni che connettono con un conosciuto di bene o di male, quindi di sicurezza o di paura, disconoscendo che l'Amore è Uno.

Mi stavo confrontando col mio livello di Compassione e riflettevo sulle mie paure, che mi impedivano di percepire il significato alto ed evolutivo del mio Mantra: **IO SONO QUELLO**. Io Sono Amore. Nel processo cercavo di eliminare la paura per acconsentire all'Amore ma, evidentemente, separavo, distinguevo ciò che reputavo essere amore e tutto ciò che indicavo come non amore. Quando sentii che una voce in me si rafforzava e voleva dire altro, oltre ciò che stavo pensando e immaginavo di sapere. Per un tempo che non riuscii a definire, il mio pensare lasciò il posto all'ascolto silenzioso:

«Le cose, perché giungano, hanno necessità di essere chiamate col loro nome, il loro vero nome. L'emanazione della loro reale vibrazione, altrimenti giunge altro».

«Cosa significa?» Chiesi.

«Scoprilo». Rispose.

La comprensione giunse col tempo, quando, man mano, tutto sembrò chiarirsi, mentre riportavo alla memoria ciò che avevo udito: «È l'essere che crea ciò che sei».

Dunque, pensai, io creo, io sono ciò che creo, io sono quello. E ancora, si fece viva la voce che tempo prima avevo udito: "Sì, il contrario ti raggiunge per chiederti se è proprio quello ciò che vuoi; se tutto ciò che sei è d'accordo con tutto ciò che vuoi. Sei davvero innamorata di ciò che vuoi? Ricorda: tu sei la verità di ciò che vuoi".

Non capivo, ma vibravo di luce siderea. Nel buio si accese una stella, era la più luminosa di tutte, e il mio nome vibrò come un tuono a cui segue la luce incandescente di un lampo. Vidi l'Essenza di quel nome che, nel riceverlo, tanto mi aveva spaventata, e a ragione, del mio piccolo io che lo riconosceva come un fardello: Tara, Colei che porta nel mondo Amore senza condizione. *"Bisogna chiamare le cose col proprio nome"*, aveva sentenziato, ma io non conoscevo l'Amore, com'era possibile che mi si chiedesse tanto? *"Ti si chiede solo di imparare a Conoscere e Riconoscere le possibilità che ti saranno date di Amare. Non c'è niente, al di fuori di te, niente che tu possa concepire, nulla che tu possa definire Amore, senza che tu lo sia già e, siccome nulla esiste al di fuori di te, **tu sei tutto ciò che è"**.*

«Dove sta l'inganno, dunque?» Chiesi.

«Nella tua cecità. Il contrario, quello che definisci paura, ti *inganna,* mentre tu tanto ti premuri di ingannarlo. Quell'inganno e quello che inganna l'inganno sei sempre tu. Nulla esiste al di fuori di te. Ciò che definisci inganno, se per te esiste, deve essere dentro di te, un processo automatico di percezione e proiezione che crea ciò che ti costringi a vivere».

Certo, non pretendevo che mi chiarisse ogni cosa, ma neanche che mi confondesse al punto da distruggere ogni cosa. «Non sto distruggendo ogni cosa, è che ora Vedi come stanno le cose e questo ti turba, destabilizza le tue ancore, i tuoi porti sicuri. Senti che sto distruggendo i tuoi deboli appigli, i tuoi costrutti e la categorizzazione e normalizzazione che ne fai, rifiutandoli e separandoli da te: lì, tu non hai Potere. Così, non solo respingi ciò che non ti piace, giudicandolo, ma anche il Dono che porta in cambio del tuo riconoscimento».

«Chi sei tu?» Chiesi, spaventata.

«Te stessa». Rispose.

Potevo percepire il suo, il mio sorriso, la sua, la mia pace, il suo, il mio Amore. Così, mi lasciai andare. Una meravigliosa sensazione di abbandono mi avvolse. Ero al sicuro con me stessa. E lei continuò: «Il Potere che cerchi, insieme all'Amore che vuoi e alla loro Intelligente applicazione nella tua vita, risiede nell'Unione con tutte le parti di te. Solo l'Unione ti apre al riconoscimento di te stessa in ciò che non ti piace e giudichi, in ciò che allontani per paura di amarti. Ami, col tuo piccolo amore, solo ciò che ti piace, separandoti da ciò che non ti piace. Ma, ciò che non ti piace resta, comunque, parte di te. È una parte di te che continui a tenere in una specie di dispensa, mentre ormai, senti che imputridisce e te ne vuoi liberare: occupa spazio, è ingombrante. Una parte che continua a darti problemi perché, in assenza di Amore, sta cedendo alla morte, facendo vibrare tutto l'essere di morte. A pochi viene in mente di pensare all'Amore come l'ingrediente principale dell'Essere, eppure ciò che sei e che ti tiene insieme è Amore».

«Mi stai dicendo che sono Amore, che tutto è Amore, ma allora perché non sento sempre tutto questo Amore nella mia vita?»

«Perché la tua Coscienza non è abbastanza e il tuo piccolo io è ancora nella morsa delle tue emozioni e della tua piccola mente, che sottraggono energia necessaria al percepire e al comprendere. Tu pensi di amare, quando ti innamori perché senti un flusso emotivo che ti invade. Quello non è Amore, perché non è uno stato di Coscienza che ha risposto a un Intento di vita, forse di sopravvivenza. Già, quello è uno stato prodotto dalla reattività dei tuoi ormoni che riproducono stati di conosciuto, per darti modo di superare le crisi di astinenza d'Amore, senza permetterti di espanderti oltre la soglia dell'inganno, lo stesso che cerchi di ingannare».

«Cosa troverei oltre?»

«Tutto ciò che dell'Amore non conosci, ma ti manca, lasciandoti a vivere della mancanza che genera paura di perderti».

Non potevo darle torto, da una vita stavo cercando di occuparmi di tutto, correndo di qua e di là, ma stavo tralasciando alcune parti di me, dimezzando l'intero del mio Amore; così, la paura mi prendeva inaspettata e, ogni volta, nuova. «Ciò che non riconosci parte integrante di te è pronto a rivendicare il potere su di te. Discernere per compattare richiede un grande atto di bontà e di umiltà, oltre che di saggezza». Ripetei mentalmente ciò che mi stava suggerendo, per fissare dei punti fermi in ciò che sembrava dileguarsi sul nascere e da cui sarei invece potuta ripartire per riprendermi l'Intero. «Così è l'Amore: appare e scompare, se non si è pronti a riconoscerlo, confermandosi Amore. Quante volte, durante i tuoi giorni e le tue notti, ti confermi amore?»

La confusione mi stava sospendendo dalla tentazione di aggrapparmi alla mia razionalità, nascondendomi dietro il suo scudo, fragile, questa volta, molto fragile! La voce riprese:

«Il due confonde, ti costringe a scegliere. Se non ne riconosci l'importante compito, ti porta, come il pendolo, a oscillare da un lato all'altro, è automatico in te. L'ondeggiare della tua navicella in quanti scogli si è incagliata?» Non seppi rispondere, non mi importava: un oceano di pace mi stava accogliendo e io mi sentivo, non più navicella in mezzo all'oceano, ma l'oceano stesso. Poi, improvvisamente, ripresi a ondeggiare ed ebbi paura, tanta paura, il mio oceano mi ricordava di quella parte che avevo tralasciato e fremevo, non potevo immergermi nella pace.

«Di cosa hai paura?»

«Di sparire nell'oceano, ancora incompleta. Non so cosa accadde, ma mentre lo dicevo sentivo che ancora una volta mi stavo ingannando, che solo la coscienza bastava a riunirmi nell'Amore. Così mi accolsi completamente e mi Amai come non era mai accaduto. Ero cosciente della mia nave, della mia bussola e dell'oceano, potevo abbandonarmi all'Amore con la certezza di essere Salva.»

«Coloro che di forma si nutrono, di forma si distruggono. Ama la tua Morte, è l'ultima cosa che farai e che ti permetterà di trattenere la Coscienza dell'Amore, il tuo Atto Sacro, quello che ti permette di rinascere su altre Spire». Anche tutto quello che avevo cercato e concepito Amore, spariva. Nessun concetto può spiegare il vero abbandono, così come nessuna legge può dire dell'Amore. Mi accorgevo di quanto l'Amore sia adombrato da ciò che nasce spontaneamente nel cuore o nella mente, risonanti di distrazioni. Così sembra che a volte ci sia e altre no. Confuso fra le pieghe della mente, delle emozioni e delle azioni, scivola via lentamente nel più profondo nascondiglio dell'Essere, in attesa di riconoscimento.

Un Soffio di Vita, in un giorno senza soffio, ne solleverà il Ricordo. In quell'istante, l'intensità esprimerà una inaspettata Verità. Lacrime che scendono, senza emozioni. Scivolano, rigano le guance, mentre le ciglia battono e il naso tira su. Suvvia, è solo Amore! E, giacché dell'Amore nulla si può dire, senza confinarlo in una formale manifestazione che lo normalizzi, destino di ogni cosa che questo mondo crea, lascerò che l'Anima se ne occupi e non sarò d'intralcio.

Anima al suo strumento

Ti Amo!

Amo la tua freschezza,

il tuo zelo, la sfrontatezza.

Amo l'ingegno e l'ardire i tuoi tanti

la tua impudica dimenticanza.

Ti Amo!

Amo i tuoi colori e le luci

e l'alternanza dei dubbi e le ragioni.

E il silenzio del pianto

che sgomita e si fa spazio.

Amo gli orizzonti vicini e lontani,

mentre ancora di scoperte e ansia

sanno i tuoi pensieri.

Ti Amo!

Amo la brezza salata dei tuoi ricordi

e il sole ardente delle tue passioni

mentre risalgo la china

oltre il tuo confuso sentire.

Ti Amo!

E in terre inesplorate

conduco il tremore del tuo cuore

che palpita nel sangue

e mi racconta di immagini sfuocate

e rimembranze sbiadite.

Ti Amo!

Amo il vorticare di insolite brezze

che ti prende e con agili moti

trasforma il tuo dolore in nitida gioia.

È in te che respiro,

in te che io vibro e risuono

e in questo ancora e ancora

figli partorisco

per ricordarmi di te.

Ti Amo!

Dall'Unico Essere per te mi divido

e per te il Mio Amore moltiplico.

Sii Benedetta ora

nel Mio Eterno Amore!

Tara Nicoletti

∞ Folle d'amore ∞

di Rita Quinzio

Il mare s'innamora della terra quando travolge il bagnasciuga con le sue onde, il bagnasciuga accoglie l'onda e ama il mare, ma subito dopo il mare si ritira e la spiaggia piange il suo amato. Così di onda in onda fino all'epilogo dei tempi. Quale metafora potrebbe tentare di spiegare meglio l'amore nella nostra cultura occidentale?

In Occidente la poesia medievale d'amore tratteggia un vuoto anziché un pieno: l'assenza più che la presenza. L'*amor cortese* è un amore *impossibile* verso una donna che non si può possedere o che si perde. La lettura che offre Denis De Rougemont nel suo *L'Amore e l'Occidente* è emblematica. Tutti i protagonisti della passione d'amore, nella nostra let-

Sbarco degli amanti sull'isola degli incantesimi, miniatura persiana (1556)

teratura in prosa e poesia fin dagli albori del Medioevo, hanno voci e versioni maschili, la donna è il vocativo dei poeti nelle loro opere, è l'assente; quasi come se contasse solo l'amore per l'amore e l'amata fosse interscambiabile, come lo è per Tristano che ama Isotta la Bionda e poi la dimentica, seppur brevemente, per Isotta dalle bianche mani. Il modello maschile dell'amore ha dominato (e domina) la nostra cultura, la Madonna-Donna dell'amor cortese e della lirica successiva è creazione di un ideale nostalgico. Ma la visione di una tal *donna* è in antitesi con i tempi e in netto contrasto con la realtà dell'epoca, essendo la condizione della donna di miseranda soggezione all'uomo padrone. Da dove procede, dunque, la misteriosa metamorfosi della *donna* in *Donna*? Da dove proviene questo flusso di adorazione verso un essere a cui si nega la realtà carnale, sostanziata di sofferenza e costrizione sociale e la s'illumina con la luce della poesia provenzale?

Una metamorfosi che procede, anzi, da Guinizelli, Dante, i *Fedeli d'Amore*, Petrarca e giunge fino a Giulietta, al Romanticismo e oltre.

Provare a spiegarlo svelerebbe le origini letterarie dell'Europa, chiarirebbe le radici della nostra sensibilità e immaginazione sulle quali l'amore cortese, la poesia provenzale, il romanzo bretone hanno impresso un sigillo, tatuato un'impronta indelebile. La donna oggetto d'amore desessualizzato, non più carnale, si innalza angelicata sul panorama del paganesimo orientale e occidentale dalla convergenza di eresie gnostiche, con il suo principio femminile della divinità, la *Pistis Sophia*, dal catarismo rigorosamente casto, con la sua visione manichea della realtà corrotta (Notte), dell'Altrove puro e vergine (Luce) e di Maria come simbolo di pura luce salvifica, da sopravvissute religioni druidiche, con Ostara dea della natura che rinasce. Ed ecco che nelle Corti d'Amore, dove albergano nobiluomini e cavalieri, si staglia fluttuando all'orizzonte la Dama dei Pensieri, casta, lontana e irraggiungibile: alta sopra l'uomo e la donna vivente che ben più miserevoli esistenze sperimenta sulla Terra. Altro non diventa che pretesto religioso al femminile, una Cifra Mistica priva di forma, Donna non donna, ma Dama, Madonna, Angelicata, modello poetico pertinente all'Anima, alla Luce e alla sua ricerca ineffabile. Per alcuni interpreti della mistica dei trovatori la *Dama dei pensieri* non sarebbe altro che la parte spirituale e angelica dell'uomo. Questa metamorfosi tutta al femminile procede dalla dimensione religioso-eretica per essere assimilata da quella religioso-ortodossa con il culto verso la Vergine Maria della Chiesa romana, ma è un'eresia spiritualista di cui abbiamo smarrito la chiave di lettura. Possiamo azzardare l'ipotesi che dal confuso miscuglio di dottrine più o meno cristiane, manichee e neoplatoniche, sia evaporata e poi distillata la retorica precisa dei trovatori?

Prima visita di مجنون *all'accampamento di* ليلى *Leylā. (Miniatura attribuita a Możaffar 'Alī, Freer Gallery of Art, Washington)*

Certo è che dal IX secolo una sintesi di manicheismo iranico, neoplatonismo e gnosticismo islamico si era delineata nel mondo musulmano esprimendosi attraverso una poesia religiosa, le cui metafore erotiche presentano delle analogie sorprendenti con quelle cortesi. Proprio dal IX secolo una scuola di mistici attivi opera nell'Oriente a noi più prossimo e più tardi avrà come esponenti Hallaj, Al-Ghazali, Shihāb al-Dīn Yaḥyā Suhraward e altri trovatori dell'Amore supremo, cantori dell'Idea velata, oggetto amato e al contempo simbolo del Desiderio divino.

Il linguaggio erotico-religioso dei poeti mistici fondeva Creatore e creatura ed era quindi molto lontano dall'ortodossia islamica (come la poesia *trovadorica* lo sarà da quella cattolica) e dovette ricorrere a un linguaggio simbolico, il cui significato era svelato solo ai *fratelli*, per esempio la lode del vino (alimento vietato) divenne simbolo della divina ebbrezza d'amore, Suhrawardi chiamava gli amanti *Fratelli della Verità*, ma si rivolgeva ad amanti mistici che condividevano una ricerca ideale comune. La comunità fondata da questi poeti mistici, che molto ricorda la Chiesa d'Amore catara, s'ispira al manicheismo iranico secondo cui un'abbagliante fanciulla attende il fedele allo sbocco del ponte Cinvat, che secondo lo zoroastrismo unisce la Terra al Cielo e dal quale dovevano transitare i trapassati. La fanciulla dichiara ad ogni defunto *«Io sono te stesso!»*. La vita, considerata il giorno terrestre degli esseri contingenti, è il tormento della materia, ma la morte è la notte dell'illuminazione che rende vane le forme illusorie e promette l'unione dell'Anima e dell'Amata, la comunione con Dio. Hallaj e Suhrawardi furono accusati di manicheismo camuffato e pagarono la loro eresia con la vita. Al Hallaj[1] si rivolse ai suoi carnefici con queste parole: *«Uccidendomi voi mi farete vivere, poiché per me*

---

[1] منصور حلاج - *Al Hallaj*

morire è vivere e vivere è morire». La lode della morte d'amore è il *leitmotiv* del lirismo mistico degli Arabi. Scrisse Umar ibn ʿAlī ibn al-Fāriḍ[2]:

> «… *Tuttavia per me la morte per amore è una vita; rendo grazie alla mia Amata d'avermela offerta. Chi non muore del suo amore non può viverne*».

Per l'Amore di cui parlano i poeti mistici si può morire, si può perdere il senno, perché un essere finito non può conoscere né amare l'infinito. Lo sa bene Majnūn[3] il *Folle d'Amore* protagonista con Leylā[4] del poema di Neẓāmi-ye Ganjavī[5], composto per commissione del re di Shirvan[6] (uno dei tanti dinasti locali che governano con poteri autonomi nel frammentato impero selgiuchide) e terzo del suo *Khamsa* (o

*Panj Gan*j[7], *I cinque tesori*)[8]: una raccolta di cinque lunghi poemi narrativi, cinque masnavi[9] in rime baciate. Prima di trattare la follia di Majnūn[10] (pazzo è la sua traduzione dal persiano), è necessario un breve *excursus* nella letteratura neopersiana per comprendere quale vita conducessero gli

Ritratto di
نظامی، گنجوی

---

[2] ض‌ار‌ف‌لا ن‌ب ي‌ل‌ع ن‌ب ر‌م‌ع - *Umar ibn ʿAlī ibn al-Fāriḍ*

[3] *Majnūn* - مجنون

[4] *Leylā* - لیلی

[5] *Neẓāmi-ye Ganjavī* - نظامی گنجوی -

[6] *Shirvan* - شروانشاهان

[7] *Khamsa* (o *Panj* Ganj خمسه

[8] *Makhzan-ol-Asrâr* (مخزن‌الاسرار, *Il tesoro o magazzino dei misteri*), 1163; *Khosrow o Shirin* (خسرو و شیرین, *Cosroe e Shirin*), 1177-1180; *Leyla o Majnun* (لیلی و مجنون, *Layla e Majnun*), 1188; Eskandar-Nâmeh (اسکندرنامه, *Il libro di Alessandro*), 1194 o 1196–1202; Haft Peykar (هفت پیکر, *I sette ritratti*), 1197.

[9] *masnavi* مثنوی

[10] *Majnūn* - مجنون

intellettuali e l'élite durante gli ultimi secoli dell'Irān mazdaista e del primo periodo islamico.

Nei poemi epici come per esempio nello *Shāh-Nāmeh*[11] (letteralmente *Il Libro dei re*) di Firdowsi[12] (941-1020 ca) e nei masnavi di Neẓāmi si delinea una brillante vita di corte, tra suontuosi banchetti, bevute

Particolare di miniatura attribuita a Mir Sayyed 'Alī, British Museum. Majnūn condotto in catene da una vecchia mendicante alla tenda di Levlā.

memorabili accompagnati da musiche, canti e danze, partite di polo, spedizioni di caccia. Insomma, una lussuosa vita di palazzo dove le donne, a differenza di ciò che succederà più tardi (fino a diventare cronaca dei nostri giorni) erano protagoniste e affatto escluse da questi piaceri; anzi alcune principesse, protagoniste dello *Shāh-Nāmeh*, non temevano di indossare la corazza e incrociare la sciabola con i migliori campioni, mostrandosi argute e forti eroine, in grado di sfidare persino il loro sovrano. Così, pur nel rispetto del rango, le dame dell'aristocrazia apparivano svelate in

---

[11] *Shāh-Nāmeh* - شاهنامه

[12] *Firdowsi* - فردوسی

pubblico e avevano un grado di libertà adeguato alle loro avventure galanti: s'innamoravano al primo sguardo, non anelavano altro che possedere l'oggetto del loro amore. Ma nella poesia epica le donne sono ancora donne, passionali e appassionate, reali, corporee: amanti e soprattutto madri, generatrici di *leoni*. Nell'antico Irān, dunque, l'amore sembra molto lontano dall'elevazione spirituale che si farà spazio tra i versi di Neẓāmi, dove la passione assoluta è fuori da ogni richiamo carnale e può, come per Majnūn, condurre alla follia. Il poema prende spunto dalla leggenda araba del poeta Qeys b. al-Mulawwah del clan dei Ja'da, della tribù dei Banū 'Āmer, innamorato sin dall'infanzia di Leylā, figlia del capo di una tribù nemica e promessa sposa a un rivale. Il poeta si ritira nel deserto dove vive tra le fiere, componendo poemi sugli occhi delle gazzelle, che gli ricordano quelli dell'amata. Dopo innumerevoli episodi che dimostrano l'abnegazione, il sacrificio e la fedeltà del folle poeta, muore il marito di Leylā, senza che questi sia mai giaciuto con la sua sposa.

I due amanti si ricongiungono. Trascorrono un giorno e una notte castamente abbracciati, ma improvvisamente Leylā muore. Majnūn segue il medesimo destino. Il loro amore non è di questo mondo. Questo componimento va ben oltre il romanzo di un amore contrastato, è la rappresentazione narrativa di una *Follia d'Amore*.

Neẓāmi raccoglie le varie versioni che si tramandano sui due sfortunati amanti, proprio come gli aveva ordinato il suo committente e compone un poema che canti l'amore di *Leylā e Majnūn* adornandolo di "gemme di Persia e d'Arabia" e saldando così la leggenda alle due differenti tradizioni poetiche. Da queste emergono due punti essenziali: il soprannome del protagonista, quindi la sua follia, e la separazione degli amanti. I connotati esteriori di *Majnūn* rivelano la follia a cui deve il suo soprannome: l'assenza di decoro della persona, l'iterazione ossessiva del nome dell'amata, l'amicizia con gli animali selvatici del deserto. Però la follia sembra essere una scelta consapevole: mostrare al mondo la propria turpitudine, per essere oltraggiato e biasimarsi, ma custodire il segreto della prossimità all'Amata, veicolo per raggiungere Dio, unico Vero oggetto di Amore e devozione. L'ignominia di *Majnūn* arriva al limite della ferinità, quando si lascia condurre in giro, nudo e in catene da una vecchia mendicante, eppure svanisce nello stesso momento in cui pronuncia:

«Tu credi di vedermi esistere, ma ti sbagli, non sono io, ciò che esiste è l'amata». Il nome, anzi il soprannome dell'innamorato, fa da schermo alla perfezione dell'amata, la nasconde a occhi estranei e malevoli. Un episodio può chiarire quanto esposto:

«I suoi occhi [di Majnūn] si posarono su un foglio di carta, su cui un calamo aveva vergato i nomi di Leylā e Majnūn. Afferrò quel foglio e lo lacerò: il proprio nome rimase intatto, quello di Leylā fu cancellato... È meglio [disse] se di noi due un solo nome rimane; chi conosce l'amore sa bene che dietro l'amante subito traspare l'amata».

«Ma perché, se anche basta il nome di uno solo, perché cancellare il suo nome?»

Rispose: «È meglio che sia io a stare in vista e non ciò che è prezioso, è meglio che l'essenza rimanga celata e che solo l'involucro appaia, meglio che dell'amata io sia

il velo, che della perla io sia la conchiglia».

L'amata è celata, nascosta, inviolabile e vive solo nella memoria dell'amato. Ciò che costituisce la vera costante della leggenda a cui il poema s'ispira è il Ricordo: l'amore nobilitato dalla sua collocazione nel passato, quindi impossibile nella realtà contingente. Per la sua descrizione bisogna ricorrere alla finzione della reminiscenza, al ricordo di un'età d'oro, all'incontro degli amanti ancora bambini. Ma Neẓāmi va oltre e colloca l'*amore* del *Folle* in un presente continuo sempre uguale a se stesso: «*È un segreto che nessuno può decifrare, un segreto che è entrato a far parte di me con il latte materno e che solo mi abbandonerà quando la vita mi avrà abbandonato*» dice il *Majnūn* di Neẓāmi. La separazione dei due amanti è invece l'asse centrale del poema, (e come si diceva all'inizio della trattazione è anche il perno dell'*amor cortese) insieme* alla ricerca dell'Altra, del Vero Amore.

Come per tutta la tradizione cortese di lingua araba, la cornice ideale non può che essere il deserto. Nel poema di Neẓāmi però la *Follia* consente a *Majnūn* di percorrerlo senza confini, di trovarvi asilo, di acquisire potere sulla natura ostile e selvaggia, il deserto e le sue prove lo innalzano e lo fanno trasumanare, lo santificano al punto che alla sua morte lentamente gli animali del deserto lo abbandoneranno, mentre gli uomini torneranno ad avvicinarlo e venereranno la sua memoria. Così, già all'epoca del poeta il personaggio del *Folle d'Amore* viene *adottato* da alcune correnti del sufismo, la metamorfosi del *soggetto* amante, l'amore estatico che prova per la sua Leylā rendono *Majnūn* ben più che un modello da imitare e per il *ṣūfī* diventa lo specchio di Dio, l'occhio attraverso cui Dio contempla se stesso; l'amore di *Majnūn* è divenuto l'essenza dell'Amore.

94

Rita Quinzio

∞ Una carezza ∞

di Maria Rosa Oneto

L'Amore si apre al cuore di Dio.

È una carezza tenera di un bene

infinito.

Risplendono le rose e un cielo

dipinto di rosa.

Prego il Signore in questa notte

di solitudine e tormento.

Piove e sento il dolore, bruciare

le carni.

Ti supplico mio Dio di darmi Pace.

Di asciugare lacrime che non hanno

consolazione.

Attendo l'aurora e alberi ancora

rinsecchiti dal gelo.

A finestre spalancate bevo il nettare

del Tuo Spirito Divino.

Felice di essere viva al palpito

di un miracolo che odora di Cielo!

Maria Rosa Oneto

∞ L'alveare. La resa, la dedizione, l'amore ∞

di Irene Salidu

La Resa

Definire il luogo come "cittadina" sarebbe un eufemismo. È più il... prolungamento di una cittadina. Le case, piccoli edifici di tre piani, sono disposte una di fronte all'altra, separate da strade a due corsie che sembrano costruite su misura, su "stretta" misura. Non ci sono marciapiedi, ma una piccolissima corsia pedonale solo da un lato della carreggiata. Si conoscono tutti, ma nessuno saluta nessuno. Forse, più dei loro "casermoni" rettangolari, l'aria di abbandono è data dai visi degli abitanti, tante api laboriose che non hanno tempo per guardarsi in volto, poiché ciascuno di loro è lo specchio offuscato dell'altro. Oggi c'è qualcosa di nuovo, un avvenimento diverso dal solito via vai grigio degli "abitanti per caso", reso ancora più opaco dalla pioggia battente.

Quell'uomo sul cornicione...

Che intenzioni avrà?

Sta lì fermo, con la stessa sigaretta accesa da un po', il viso come una maschera di pietra; la pioggia lo sfiora e scivola via, sembra immune a tutto: non ha mosso ciglio quando l'ambulanza è passata nella viuzza a sirene spiegate. Del resto, nessuno ci ha fatto caso: ormai è ordinaria amministrazione, la corsa delle ambulanze lungo le strade di estrema periferia. Non si è scomposto minimamente quando i passanti gli hanno urlato contro per farlo desistere... Ma desistere da cosa?

Marta, come un'ape nella sua cella di quel singolare alveare, osserva dalla finestra al terzo piano: la vita che nasce e muore, i visi stanchi, le ambulanze… da anni la sua finestra e il cornicione del palazzo di fronte "chiacchierano" tra loro.

Sente voci e suoni, potrebbe anticipare alcune risposte alle domande, il suono dei piatti posati sul tavolo, la canzone che il tizio del piano terra canta regolarmente sotto la doccia, ma ora il suo sguardo è incollato sul viso dell'uomo sul cornicione.

Non è spaventata, le sembra di assistere alla scena di un film e l'immobilità dell'uomo la incuriosisce. Non parla, non muove un solo muscolo. Marta si ritrova a sbattere le palpebre, per vedere se l'immagine sparisce…L'uomo ora si volta, come richiamato dal suo sguardo. Marta ha un sobbalzo, le sembra di essere stata colta sul fatto. I loro sguardi tendono un filo invisibile dal cornicione alla finestra.

"I vetri sono sporchi" è l'assurdo pensiero della donna.

Conosce quell'uomo, abita al terzo piano del palazzo di fronte. Lo ha sentito più volte suonare al pianoforte e sa che si chiama Luca, perché gli amici non suonano mai al suo campanello, lo chiamano a gran voce dalla strada. Marta ha maturato la certezza che il campanello non funzioni. Spesso si è chiesta cosa ci facesse un pianista nell'alveare, ma la sua curiosità non si era spinta mai oltre. É lì, come lei, come quei visi scuri e imbronciati che scivolano lungo quella via ogni giorno. Non osa aprire la finestra, forse perché ha letto da qualche parte che in certe situazioni qualsiasi movimento improvviso può essere la goccia che fa traboccare il vaso. In questo magma di pensieri, non si rende conto che Luca le fa cenno di aprire la finestra, quasi a voler togliere l'effimera barriera tra i loro sguardi. Marta apre con cautela le ante, è ormai notte fonda, l'alveare non ronza più, nessuno ha interesse per quell'uomo che sta da ore su un cornicione: ormai fa parte del "paesaggio".

«Le falene sono impazzite, hai visto la loro danza attorno al lampione?»

Marta allunga il collo per vedere ciò che Luca le ha descritto: in fondo alla via, l'unico lampione in funzione è aggredito dalle falene, quasi come un nemico da far tacere.

Annuisce, poi gli chiede se ha freddo. Luca risponde che non sente più caldo, né freddo; lascia cadere il mozzicone della sigaretta che tiene in mano, guardandolo arrivare al suolo. Ha uno sguardo non triste, né allegro. Marta si fa coraggio e gli chiede se va tutto bene. Si rende conto di fare una domanda stupida, ma non le viene in mente nulla di "intelligente". Luca la guarda e quasi sorride. É un sorriso strano, nasce dagli occhi, ma non muore sulle labbra.

«Oggi ho deciso di non suonare più, ho deciso che la musica non farà più parte della mia vita… Nello stesso momento, ho realizzato che se non avessi suonato o composto più nulla, tanto valeva farla finita. Quando sono salito sul cornicione non avevo più nulla per cui vivere, poi ho visto il cielo, i fili dei pali della luce… e lì ho immaginato le note musicali, una melodia che risuona nella mia testa e devo assolutamente scrivere, ma ora, con l'oscurità, non vedo più le note… e cerco falene impazzite".

Marta è travolta da quella cascata di parole, seguita da un silenzio irreale nel quale le luci sono le sole a sussurrare gocce di parole.

La dedizione

Luca ora è di nuovo immobile, moderno gargoyle sul cornicione di un alveare. Chiude gli occhi, la donna ha paura che veramente possa accadere l'irreparabile. Osserva l'uomo, strizza gli occhi e lo guarda attraverso la fessura creata dalle sue ciglia, come un sipario in attesa.

All'improvviso Luca sorride, muove le dita su un'immaginaria tastiera, le sue mani accarezzano l'aria, si inoltrano nella notte… e finalmente riapre gli occhi. Ora il suo sorriso non si ferma più alle labbra, sente la musica, il sangue riprende a fluire nel suo corpo, la notte non è più una nemica, raccoglie i gemiti e i sospiri di note danzanti su corpi di amanti.

"Mute, le note scivolano, nel silenzio di sguardi chiassosi, dentro uno spartito immaginario. Tutto tace. Il mondo vibra, chiuso tra una chiave di violino e cinque righi danzanti."

L'amore

Si volta, le fa un cenno di saluto, come a chiudere un dialogo fra amici, rientra in casa. Marta sospira di sollievo, sorride e si sente assurdamente felice.

Di tanto in tanto volge lo sguardo verso il cornicione, per rassicurarsi, poi l'assale la stanchezza: il "film" è finito, l'indomani nessuno ricorderà Luca, nessuno saprà, oltre a Marta e alla notte, della lotta tra il vivere per qualcosa e il morire per nulla, perché negli alveari si contano le celle e le api conoscono il loro compito.

Posa la testa sul cuscino, ha paura di non riuscire a dormire. Sente una musica dolce e struggente, la assale e la avvolge, le ricorda la pioggia e il volo impazzito delle falene, uno strano gargoyle, i silenzi e i ronzii. Luca ha deciso di vivere ancora, di suonare ancora, di creare, di essere amore e amante. Marta sorride e sogna: le piacerebbe che Luca le dedicasse quella magnifica melodia, ma è impossibile. Nell'alveare lei è un'ape come le altre.

"In fondo, siamo note nel pentagramma della vita, con la chiave di lettura, le pause, i tempi. Non dobbiamo essere musicisti, per suonare il nostro concerto. Dobbiamo solo… essere. E noi "siamo" se amiamo."

Irene Salidu

∞ L'ago d'oro ∞

di Grazia Velvet Capone

Narratrice:

Mentre il nostro cuore, troppo spesso, scalpita e si agita di gioia e di dolore, restituendo alle onde della vita una formidabile euforia e disforia vitali, il pianeta è percorso da miliardi di sentieri esistenziali.

…..

In un paesino di mare siciliano, affacciato su una meravigliosa insenatura marina, in una bella mattinata di Marzo, il sole splendeva alto e gioioso sulla porta d'ingresso della *Nuova Sartoria Carmela*.

La signorina Carmela seduta davanti alla porta verde a tre ante posava finalmente l'ago sottile con cui amava cucire e rilassarsi, nelle belle mattinate siciliane degli inizi di primavera.

Il piccolo paesino, composto da viuzze strette e accoglienti oppure soffocanti a seconda del momento esistenziale, si affacciava sul mar Jonio. Incessanti, le grida dei pescatori, dei venditori ambulanti del mercatino, delle massaie impegnate a scegliere i prodotti migliori, dei bambini vocianti e sereni riempivano l'aria di fermento, vitalità, rumore bianco.

La signorina Carmela non si era mai sposata. Bella, finissima ragazza dai modi eleganti e con tanto gusto, non aveva mai trovato qualche bel giovine che le facesse battere un pochino il cuore ed era arrivata all'età di 35 anni senza aver vissuto mai il più piccolo fremito del cuore. Le amiche non osavano criticarla: altera e impassibile si era messa a capo di una piccola attività imprenditoriale: disegnava e cuciva vestiti per signore impeccabili. Tutta Sileto-bene amava rifornire il proprio guardaroba nell'elegantissima sartoria della *Signorina*. Lei aveva attivato un piccolo esercito di sartine, e sotto le sue stringenti direttive, una ventina di ragazze tagliava, cuciva, rifiniva gli abiti più belli e costosi, non solo del paese, ma anche dell'intero circondario.

Carmela non faceva alcuna fatica. Aveva l'arte in mano, sapeva benissimo come rendere un corpo femminile più seducente e flessuoso semplicemente giocandoci, con la stoffa e la luce, facendo danzare le stoffe in controluce e tagliandole abilmente, talvolta senza cartamodello, con un estro barocco ed essenziale come l'essenza della sua *Isola*. Per lei era arte pura. Riusciva a lavorare anche dodici ore filate su di un vestito, ma la *dedizione* che le suscitava il creare quell'*opera,* invece di toglierle energie, gliene aggiungeva.

Quando vestiva le clienti, con quelle sue opere che apparivano così semplici e invece erano, a loro modo, avveniristiche, con uno studio perfetto dei volumi, con la scelta accurata di rifinizioni, passamanerie, ricami e la progettazione di tagli sapienti, la signorina Carmela vibrava come una canna al vento. Nessuno poteva immaginare quale tumulto provasse il suo cuore. Eccoli, i suoi fremiti! Eccolo l'Amore! Ecco cos'era davvero l'Amore!

Quei tessuti docili diventavano un corpo vivo, che avvolto da essi, si muoveva sicuro e regale, perché era indubbio che la sua arte regalava a tutte una bellezza pura.

Lei stessa, quando vestiva i suoi capi sentiva nascere dal profondo del cuore una trasformazione evidente. Qualcosa sorgeva da dentro e s'impossessava dell'anima riservata, serena e quieta della sua personalità quotidiana. Le gambe diventavano nervose, il collo era generosamente offerto alla luce, i tessuti di chiffon si posavano carezzevoli sul suo corpo asciutto, ma morbido e implume come quello di una bambina. Il seno sbocciava, le curve dei fianchi apparivano salde ed eleganti. Certamente i suoi vestiti rendevano le donne simili a dee, non c'era nulla che li accomunasse a certe invenzioni di taluni osannati sarti francesi capaci solo di mortificare le conturbanti linee muliebri. Vestita proprio con quei tessuti regali, sola e altera, andava spesso a ballare. Un'altra anima la abitava, in quelle serate.

Il giro delle famiglie bene di Sileto era sempre pronto a renderle onore e ad accoglierla con affetto. La musica sposava le onde dei suoi abiti. Quando entrava nella sala tutti erano colpiti dall'assoluta mancanza di inibizioni, dallo splendore del suo incedere, che seppure dopo dodici ore di lavoro, appariva ingualcibile e volteggiava in braccio ai facoltosi possidenti terrieri che se la mangiavano con gli occhi e la desideravano con tutto il cuore, gli occhi e la mente.

Don Masino Manna, un giovane e piacente scapolo di buona famiglia, quella sera l'aveva seguita in giardino e portandola accanto a un cespuglio di rose, al riparo da occhi indiscreti, le si era inginocchiato davanti e con gli occhi scintillanti come saette l'aveva guardata serio serio e le aveva fatto *la proposta*.

Masino era nel fiore degli anni, aveva ben 5 anni meno di lei. Aitante, forte, sportivo, lo si vedeva spesso cavalcare gli splendidi purosangue orientali della zona, che provenivano dal centro stalloni in uso a Catania. Era fiero, forte e coraggioso, in pochi anni di esercizio della sua professione di avvocato era riuscito a estendere il suo potere e le sue finanze ancor meglio di quanto avesse fatto il padre prima di lui. Ma il suo punto di forza era certamente una carismatica presenza: un metro e novanta centimetri di muscoli forti e scattanti che racchiudevano un carattere decisamente mascolino e forte.

Carmelina pensava a tutto questo, ma guardando la scena come se si trovasse al di fuori, non poté far a meno di soffocare una sonora risata cristallina. In ginocchio sulla ghiaia, con i pantaloni impeccabili che si erano sporcati di terra, le spine delle rose sui calcagni e gli occhi invasati, Masino sembrava un folle d'amore, dissennato, pronto a tutto con le scintille della passione che bruciavano negli occhi. Tra le mani incerte e sudate aveva un astuccio di velluto rosso con lo stemma del più prestigioso gioielliere di Catania.

Lo aprì davanti agli occhi increduli di Carmelina. Il diamante che conteneva era una luce nel buio, un'esplosione di purezza che illuminava la scena crepuscolare con una potente luce drammatica. Carmelina lo stimò all'incirca del valore di cinque milioni di lire: si poteva comprare un appartamento centrale e ampio solo con il valore di quel piccolo gioiello.

Distogliendo lo sguardo per nascondere i propri sentimenti, con fare suadente, fece alzare il giovane dalla ghiaia, lo abbracciò dolcemente e gli disse che se l'amava avrebbe dovuto aspettare. Lungi dal risentirsene, il bel giovane vide in questa mossa il gioco intrigante di sapienti arti d'amore che lo affascinò perdutamente.

La scena aveva, però, guastato l'umore di Carmelina. Masino era davvero un bellissimo ragazzo che le offriva una vita meravigliosa sorretta da un amore intenso. Qualunque altra donna di Sileto sarebbe stata subito sua. Lei invece non sentiva nulla né per Masino, né per l'altro sesso; inoltre, la confusione di quell'offerta, la mancanza di centratura del giovane, la sua ansia d'amore contagiosa l'avevano indisposta in modo intimo e irrecuperabile. La passione va gestita, pensava indomita e fredda. L'amore non può essere lasciato scorrere in modo vertiginoso, l'amore va onorato con l'attenzione, l'intenzione e il rispetto. Consegnandole cinque milioni di prezioso diamante Masino le aveva dato un valore, ma aveva dimostrato la propria superficialità. I pensieri scorrevano come un fiume in piena, con una leggera e contenuta furia umorale.

Non vedeva l'ora di riprendere l'ago in mano e tramite la sapienza del suo cucito ricostruire l'integrità del suo umore, nutrendosi alla luce del suo saper fare e della costruzione tecnica di un manufatto che avrebbe saputo togliere qualche bruttura e qualche imperfezione del mondo, *amandolo*. Ecco cosa mancava al mondo! Chi aveva inventato *l'ago* aveva inventato un mezzo di creazione formidabile, una tavolozza di possibilità umane e spirituali.

Molti anni prima aveva ricevuto in dono *un ago d'oro*. Era uno strumento pregno di magia, bastava tenerlo tra le dita per sentire il suo potere, il Potere magico dell'Amore. Un ago è uno strumento umile, ma può creare dal nulla, imbastire una nuova vita, unire ed esaltare.

Per tutta la mattinata, davanti al sole che brillava serenamente davanti alla porta della sartoria Carmelina usò il suo ago d'oro, cucì preziosi tessuti, creò una preziosa trama e la unì all'ordito con piccoli punti invisibili: a ogni punto dato bisognava contare i fili del tessuto e quindi unire le stoffe con una tensione regolare e continua. Un'arte solo apparentemente minima, che invece richiedeva un'accurata attenzione e "presenza di sé" e che la sua dedizione assoluta aveva reso ragione di vita. Carmelina ben presto aveva capito che chi lavora a un'arte non ha bisogno di pregare o affidarsi a un Dio. Egli ha già quel Dio dentro di sé e lo loda incessantemente giorno per giorno, con l'esercizio del saper fare che diventa "*sacro fare*", un sacrificio giornaliero alla bellezza e alla scintilla dell'amore eterno.

Era questo continuo immergersi nell'amore costante che la rendeva forte e irresistibile e che le offriva così tanta gioia di vivere, rinnovando giorno dopo giorno la sua energia e la capacità di creare. Amare come amava lei la sua arte è come gioire, gioire senza attendere risposta né compenso.

Mentre l'ago d'oro scorreva leggero su e giù tra le stoffe delicate, a Carmelina arrivò un pensiero inaspettato. Infatti mentre le dita cucivano leggere, d'un tratto le era arrivata la voce accorata di Graziella, la sua giovine di bottega che, raccolta nell'altra stanza, pregava con la voce rotta dai singhiozzi.

La voce, sia pure sussurrata, nel silenzio nutriente del primo meriggio siciliano le arrivava ugualmente forte e chiara. Graziella aveva 18 anni e veniva *'a maisredda* già da tre anni. Piccola e minuta, era di poche parole, timidissima, non si faceva mai notare.

«Matri dû Carmini, aiutami, non c'a fazzu chiù, me matri mi malediciu quannu nascia! 'A me' vita è sempri un veru 'nfernu. Me matri mi dissi: "Tu sì chidda chi sarà pi sempri scacciata e umiliata, ultima ntâ l'ultimi, 'nfelici e pòvira, picchì tu sì 'u fruttu dâ cattiveria e dû mali chi mi ficiru. L'ha scuntari pi sempri la tò culpa, disgraziata! Guai alla tò vita inutili, chi mazzau la mei"».

Carmelina ascoltando queste parole restò impietrita. Graziella, intanto continuava: *«Matri di Diu livatimi davanti, iò non c'a fazzu chiù,*

Davanti alla statuetta della Madonna del Carmelo, Graziella aveva acceso una candela, che si scioglieva lasciando scie di lacrime. Carmelina trasalì. Era la prima volta che nel suo mondo perfetto, dove sembrava che la devozione alla sua arte si espandesse in modo virtuoso, penetrava una tale disperazione. Ricordò che molto spesso, la ragazza che viveva da sola con il padre, arrivava con lividi e labbra spaccate e si affrettava ad accampare scuse su scuse, minimizzando i colpi visibili delle percosse. Carmelina non ci aveva badato mai più di tanto, perché la ragazza non accennava ad aprirsi minimamente e sigillava nel silenzio la propria *resistenza*.

Adesso si era lacerato un manto scuro e penetrava luce. Il contrario dell'amore era il *silenzio*, il contrario della dedizione era il sigillare la propria vita con la pietra tombale di una *resistenza* che rinuncia perfino a lamentarsi, a profferire parola sulle violenze subite. Pensò subito a Masino. Masino, da buon avvocato avrebbe potuto liberare subito quella giovane dalla terribile influenza paterna. Graziella avrebbe trovato un'altra madre, la stessa Carmelina, una madre che questa volta avrebbe benedetto la grazia della sua vita.

L'amore cura, pensò lucidamente Carmelina. A cosa serve la mia arte se non posso guarire nessuno? Affannosamente il suo petto andava su e giù con un respiro fortemente affrettato. L'ago luccicante d'oro sotto il sole era appuntato sul busto solido e compatto e brillava sotto gli ultimi raggi del tramonto. Carmelina lo prese e infilò abilmente nella sottile cruna un filo dorato. Con maestria unì allo stesso filo una spoletta di colore blu. I due fili si miscelarono insieme e adesso aspettavano di essere ricuciti. Carmelina infilò l'ago nel prezioso tessuto e tirò a sé il filo.

Assorta e silenziosa andò nella sala delle ragazze a spiare Graziella. Aveva il viso chino sul lavoro e mentre tutte le altre erano allegre e ciarliere, lei teneva la bocca chiusa, sigillata. Proprio all'angolo della bocca, un livido scuro adombrava le belle labbra con una brutta ombra tetra, che sembrava uno schiaffo alla sua tenue bellezza. La chiamò a sé, con fare noncurante. «Graziella devi provarti questo vestito, la ragazza che me l'ha commissionato ha la tua corporatura e voglio vedere come cadono i tagli che ho realizzato».

Graziella si alzò solerte e andò a provare il vestito che Carmelina le porgeva. Con quel vestito addosso Graziella somigliava alla fata di un racconto del grande Nord di Andersen. Un morbido tessuto in skai di tenue colore azzurro formava il busto, esaltando e sottolineando le linee delicate di Graziella. Il busto era completamente attraversato da un tulle blu ricamato di strass color del cielo che si inseriva tra gli audaci intarsi del corpetto esaltandone con tagli e riprese la femminilità. La gonna era un triplo trionfo di sottane, che arricchiva e rendeva sontuosi i fianchi delicati della ragazza e la figura sottile.

I lunghi capelli folti e neri di Graziella cadevano scomposti sulla scollatura a clessidra che mostrava la grazia di piccoli seni perfetti. Gli occhi scintillavano di saette di piacere: indossare quel vestito le dava un'inspiegabile felicità: guardarsi allo specchio così abbigliata era un rito iniziatico: era come vedere un'aurea luce, come se vedesse il proprio vero essere sgorgare da se stessa.

La signorina Carmela le girò il viso. «Cosa hai qui?» le disse, indicando il livido accanto alla bella bocca. Graziella si era ammutolita di nuovo. Le maledizioni della madre le serpeggiavano nel cuore, riempiendola di colpe e sgomento. Carmelina, intanto, aggiustava sapientemente con l'ago il bellissimo abito e lo adattava al corpo minuto e perfetto della ragazza. Mentre l'ago d'oro cuciva con la forza propulsiva del grande cuore di Carmelina, la ragazzina si abbandonava sempre più, si arrendeva, si lasciava andare, come se quell'ago fosse una bacchetta magica che potesse liberare il cuore da tutte le zavorre, come se quell'ago potesse sussurrare gentile:

«Tu non hai alcuna colpa, Graziella. Tu sei un essere che merita un perfetto amore.
Lasciati andare ora, arrenditi».

Gli occhi splendenti e i capelli luminosi erano come percorsi da una brezza di felicità interiore; proprio mentre Graziella si fissava allo specchio come se vedesse una Venere sorgente, entrò Masino Manna.

Il brusco movimento di sorpresa che colse la ragazza nel sentirsi osservata da quegli occhi di brace le sparse in ampiezza tutte le folte ciocche dei capelli sulle spalle. A Masino apparve indicibilmente bella, nel petto sentì un terremoto vibrare.

Entrambi si sentirono pungere profondamente il cuore.
L'ago d'oro si era infisso profondamente, quasi come una freccia.

Carmelina aveva dato gli ultimi punti che avevano unito le due stoffe apparentemente così poco consonanti e che invece il suo amore e la sua dedizione avevano unito indelebilmente.

L'ultimo punto serrò le cimose.

«Abbandonatevi» sussurrò rivolgendosi ai due tessuti inconciliabili tra di loro.

Narratrice:

L'ago d'oro, umile, aveva finito il suo compito, adesso era pronto, legato solo a un piccolo filo.

Nel paesino di Sileto una brezza marina soffiava gentile, tra tiepidi raggi di sole.

Carmelina prese il filo tra i denti e lo spezzò.

Grazia Velvet Capone

di Beppe Crovella

Ho amato tutta una vita. Sono grato di aver amato. La vita ha evitato di lasciarmi a secco, facendomi trovare in continuazione qualcuno, qualcosa da amare. L'ha fatto pur sapendo come sono fatto, io che le mezze misure le conosco poco, sapendo che mi sarei buttato nell'amore. Che potevo farmi male. E mi sono fatto anche male. Ma amare è bello, è bello sempre, anche quando lei non risponde, anche quando l'amore poi si rompe. È sempre valsa la pena amare.

Ma… sono proprio sicuro di aver sempre amato veramente? Intendo dire se sono certo di aver amato come si dovrebbe, nel senso pieno e completo del termine? Rimango in silenzio. Non mi aspettavo di farmi questa domanda. Le domande forti, anche se ce le facciamo noi han bisogno di una pausa. Corta, ma ci vuole. Per rispondermi mi sa che devo per forza scartabellare tra i ricordi.

Chiudo gli occhi per vedere meglio. Comincio a guardarmi dentro e indietro. Son curioso di me. Sono impaziente, come sempre. Scavo, come Leda, il cane da tartufi del mio amico d'infanzia Paolo, che qualcosa trovava sempre. Mi muovo tra i ricordi. Sposto e smuovo con frenesia. Mi succede come quando voglio prendere un libro che è nello scaffale in alto. Non ci arrivo, prendo una sedia e ci poggio un piede, tanto per alzarmi quel che basta. Nello scendere mi balza all'occhio un altro libro che *mi chiama*. Cerco di prendere anche quello e va a finire che scivolo dalla sedia aggrappandomi a dove trovo.

Con la presa incerta, mi tiro dietro robe varie. Mi rotolano addosso libri e soprammobili. Mi esce un sospiro di sollievo quando mi ritrovo seduto per terra e vedo a un metro da me, capovolta, intatta, la statuina di Beethoven che viene da Vienna. Allo stesso modo, cercando tra i ricordi, mi appoggio malamente, scivolando dentro a immagini che si sovrappongono, si ribaltano in sordina e alla rinfusa.

Mi ritrovo come quando riaccendo il Mac al mattino e partono in contemporanea i filmati di YouTube che avevo aperto prima di spegnere il computer la notte prima. Distinguo tutto, ma in realtà non si capisce nulla.

Eccoli qua, nel mio immancabile disordine. È stato come trovarsi in quelle cassette e scatole che qui in campagna si trovano spesso nei solai, dove dentro c'è un po' di tutto, ligi al detto dei nonni di non buttar mai via niente. In questo scatolone degli amori ce ne son di leggeri e di pesanti.

Metto da parte scene d'amore di vario genere: momenti solo di cuore in famiglia, mentre volo ascoltando la musica che amo, a tu per tu con il mio pianoforte, quando si accende la lampadina dell'idea, che bel momento! Il mio organo Hammond, il mio Mellotron e poi immagini di ragazze, ragazze, ragazze, quante ce ne sono! Quante volte mi sono innamorato, compresa quella volta che ero sicuro fosse il grande amore della mia vita. Quanto amo le risate dell'amicizia, e quanto amavo giocare a calcio con l'idea poco decoubertiana di voler vincere sempre. Le altre arti, che mi travolgono sempre, mi fan sempre sentire bene.

La mia casa, quanto l'amo, come fosse una persona. L'amore verso il mio paese, che conosco quasi metro per metro. Per Le piante, a cui ogni tanto parlo, La campagna, il mio habitat ideale, Il primo libro che ho letto, Le avventure di Tom Sawyer, Il persistente sognare Montmartre a occhi aperti … e a occhi chiusi. In pratica, è come se nel mio Google interiore avessi digitato la parola "amore". e trovassi migliaia di links.

Amori vissuti e amori immaginati son mescolati tra loro. Devo faticare per distinguerli. Forse è addirittura superfluo farlo. Mi piacevano tutti quei momenti d'amore indipendentemente dall'oggetto d'amore. Ho avuto ben chiaro il gusto dell'amare. Nello scorrerli si accendono batticuori, fremiti e malinconie.

Eccoli qua, nel mio immancabile disordine. È stato come frugare in quelle cassette e scatole che qui in campagna si trovano spesso nei solai, dove dentro c'è un po' di tutto, ligi al detto dei nonni di non buttar mai via niente. In questo scatolone degli amori ce ne son di leggeri e di pesanti. Qualcuno è un po' impolverato. Non lo pensavo da tempo, però è ancora lì. È bello vederli, sopra ad un tavolo immaginario che si adatta nella forma a ogni ricordo d'amore che aggiungo.

Nonostante scivoloni e rotolamenti vari tra i miei ricordi, posso star tranquillo. Sarei stato addirittura pronto a mettere in gioco la mia vita nel giurarlo. C'è tanta roba d'amore in tavola   .

Come ho respirato, cantato, ballato, sentito, letto, so di aver amato. So di amare. È certezza assoluta! Non avevo dubbi, ma la conferma della certezza fa star bene anche quando non si han dubbi. Come in un'arringa ho difeso il mio amore. Come l'avessi scritto su *quella pietra* di Augusto dei Nomadi.

Prende ora la parola il giudice silenzioso che sta dentro di me, che ascolta attento quel che continua a dire la mente e quel che sospira il cuore, quando la mente lo lascia fiatare. Il giudice silenzioso un dubbio ce l'ha: «Dobbiamo andare oltre al fatto puro e semplice di stabilire se ha amato o meno». Lei non ha idea di quante volte ho sentito nominare la parola amore quando di fatto di amore ce n'era ben poco.

Pensi che a volte non c'era per nulla. In certi casi veniva fuori ben altro, pur usando la parola amore. Capisce quindi il mio scetticismo. Se le dico che il rapporto è almeno 50 a 1 tra il dire ti amo ed il viverlo di fatto, compiutamente so che lei non ci crederà, ma la mia esperienza sa che è così.

Secondo l'esigenza stabilita chiaramente dalla sentenza Johnny Halliday del '69, "Quanto t'amo", io voglio sapere da lei: "Quanto ha amato?"».

Come dire: «Dopo le parole, veniamo ai fatti!».

«Si attenga a ciò le è stato chiesto, per favore! Mi faccia capire quanto lei ha amato! La documentazione che lei adduce, dalla sua ricerca, ha una sua rilevanza, diciamo che è un prerequisito e lei ce l'ha ma è solo il primo passo… pesa poco! Deve portare testimonianze e autenticazioni che abbiano un peso rilevante.»

E qui la pietra di Augusto ha qualche sussulto. Mi rendo conto di aver amato tanto, mi piaceva amare, mi piacevano quei momenti d'amore a qualunque situazione fosse rivolta la mia passione. Ho avuto ben chiaro il gusto dell'amare. Ero sincero, e qui davanti al giudice non posso bleffare.

Comincio a capire l'antifona. Adesso serve di più. Tanto per cominciare c'è da capire… quanto pensavo a me quando amavo e quanto pensavo all'altra parte, quanta continuità c'è stata nel mantenere vivo l'amore in ogni amore, quanta attenzione c'era in noi quando si amava e quanto si manteneva nella mente e nel cuore l'idea d'amore quando si era distanti nello spazio. Costanza, continuità, intensità ossia in una parola quanta è stata la dedizione ad ogni amore. Sto capendo l'importanza enorme di questa seconda fase, la dedizione, che solidifica l'amore al suo primo stadio e lo fa crescere in qualità e quantità. Gli dà una identità. Testimonianza storica basilare al riguardo fu quella di Alain Barriere nel juke-box dei miei genitori nel '64: *"Più vedo te, più ascolto te, e più ti amo. Ogni parola che dici, t'amo un po' di più"*.

«Vostro onore silenzioso, ho inteso quello che lei vuole da me, so di aver prove e testimoni per ciò' che lei mi chiede. Come esempio gliene cito una sulla base della delibera Crazy Boys che nel '67 si rifaceva alla dichiarazione internazionale di Percy Sledge: *"Quando ami una donna non puoi pensare che a lei, non puoi mai farle del male! Io amo una donna le do tutto di me, quando guardo gli occhi suoi l'amo sempre di più"*. È quel che sentivo quando ballavo la canzone con la mia lei, quando la mettevo su nel mio giradischi fonovaligia immaginando lei».

«Caro Giuseppe Giorgio, in arte e per gli amici "Beppe", Lei conosce bene la mia severità, la mia intransigenza. Ha già avuto modo di provarla sulla sua pelle. Lei è consapevole come ogni suo simile di esser papabile a esser soggetto all'accusa tremenda ben configurata dello scrittore Harold Robbins, visibile negli schermi di tutto il mondo, autenticata in Italia da Nico Fidenco, di poter cioè essere definito "l'uomo che non sapeva amare". È l'accusa più grave che può cadere su lei ed i suoi simili, quando ci si troverà in fondo al viale che fu scoperto a suo tempo dal gruppo di ricerca siciliano dei Gens.

Le sue citazioni le fanno onore, ma rimangono nel vento. Son nel vento, ma non sulla lunghezza d'onda di quelle ventilate dal premio Nobel Dylan. Volano nel vento, in modo non dico indefinito, ma da definirsi, certamente. Nella sua memoria le parole non hanno ancora peso, rimangono parole, parole, parole secondo la dichiarazione di intenti Mazzini del 1972. A suo favore riconosco dal contatore di vibrazioni energetiche quanto fosse alta la misurazione del suo amore per Silvana quando lei ballava questa canzone nel cinema di Casalborgone, quando questo diventava sala da ballo, dopo la proiezione cinematografica e le sedie erano spostate in fondo alla sala. Lei era inequivocabilmente veramente innamorato. Per evitare di rischiare di complicare la sua posizione non allego alla sua pratica i biglietti che evidenzierebbero che in quelle sere, prima del ballo, lei vedeva nel cinema i film della serie "Angelica" di Michele Mercier che riguardano altro tipo di suggestioni».

«Vostro onore silenzioso la ringrazio per il suo accertamento di questa prima mossa favorevole da parte mia. Le dirò anche che posso portarle più di quel che lei pensa, ma ho un problema, ho bisogno di tempo, probabilmente molto tempo» .

«Vede, Signor Beppe. Come uomo la posso capire, ma come giudice silenzioso intransigente dovrei per forza assegnarle la libertà vigilata, che detto tra noi è una condizione assai scomoda poiché limita assai la libertà, specie a chi si cimenta nell'artistico.

Uso il condizionale perché ci potrebbe essere una scappatoia consentita dalla "*Legge del sempre*". Lei ha capito che la dedizione è il secondo passo, il secondo grande capitolo nell'iter evolutivo dell'amore vero, senza la quale l'amore è "amore parziale" C'è una fase successiva, il terzo stadio. Segue il completamento del secondo, a cui si integra per arrivare a definire l'amore come completo, a definire "l'uomo che sapeva amare" condizione indispensabile per avere accesso alle dimensioni superiori a cui ogni essere aspira.

Nei casi come il suo quando l'iter del secondo stadio, la dedizione non è al momento documentabile in toto, si può ricorrere anticipatamente al terzo stadio in via del tutto eccezionale, una tantum, con lo scopo di essere esentato dalla disagevole e limitante libertà' condizionata. Per venire al dunque, la sua possibilità di continuare a esser libero totalmente fino al momento del giudizio finale è quello di portare alla luce un momento della sua vita in cui lei ha sentito così' forte il suo amore da portarla a metter in gioco il terzo stadio dell'amore, l'abbandono in virtù dell'amore.

È una prova efficace che può evidenziare l'intenzione più profonda nell'individuo. Per aiutarla nella sua ricerca le ricordo un caso di qualche anno fa, che riguarda un musicista come lei. Si tratta di Randy California, talentuoso chitarrista e autore, che il 2 gennaio 1997 si trovava in vacanza con la famiglia alle isole Hawaii, luogo d'origine di sua madre Berenice Pearl. Randy California (California è un nome d'arte "battezzatogli" da Jimi Hendrix) annegò nelle acque dell' Oceano Pacifico, risucchiato da una forte corrente di risacca nel tentativo di salvare la vita al figlio dodicenne Quinn. Il gesto di Randy salvò' la vita di Quinn. Mi rendo conto che le ho portato un esempio molto forte per farle capire».

«Capisco Vostro Onore cosa bisogna portare davanti a lei, quanto deve esser al limite dell'intensità, della totalità, l'abbandono di cui lei mi parla. Vostro onore silenzioso, sappia che ho quel che mi chiede. Comporta una confessione. Lei non sa quanto mi costi questa confessione *che sto per farle*. Visto il mio caso, vista la posta in gioco è giusto che io confessi: c'è stato un momento della mia vita in cui ho provato l'abbandono per amore. Sono stato vicino all' abbandono più grande, la rinuncia alla mia stessa vita. Non come resa, al contrario, come sublimazione di un amore. Per l'amore più grande per me, l'amore per la propria madre.

C'è un episodio preciso che ho tenuto nascosto per diverso tempo. Da una parte la ritenevo esclusivamente una cosa mia. Dall'altra ritenevo che quell'intenzione di quel giorno potesse essere un peccato. Un peccato anche grave. A qualcuno, a pochissimi, un certo giorno ho deciso di raccontare. Riprovando i brividi di quella sera. Adesso questo scritto rende la confessione definitivamente pubblica.

È il 12 dicembre 2002, il giorno più' triste e doloroso della mia vita, il peggiore. Mia madre è ricoverata all'ospedale di Chivasso da una decina di giorni. Il giorno dopo dovrebbe essere dimessa. Alle 18 telefona il Primario dell'Ospedale dicendo che mia madre è gravissima per aver subito una emorragia cerebrale. Arrivo accompagnato in ospedale e lo stesso Primario dopo pochi minuti ci comunica che per mia madre non c'era nulla da fare. Potevamo ancora vederla in una sala a pianterreno. Vado da solo. Sono lì davanti a lei, sdraiata sul letto che non dà segni. Dolore paura, rabbia e mancanza di respiro fanno a gara in modo convulso e a tratti violento, dentro di me.

A un certo punto, appoggiato al letto con mia madre che si stava spegnendo ho guardato in alto, sopra la luce rotonda posta sulla porta di ingresso. Ho chiesto con quanta forza e disperazione avevo in me: "Dio, ascoltami, ti prego, prendi me, ti prego, prendi me al suo posto. Fai viver mia madre che lo merita. La sua vita è più importante della mia". Ho sentito dentro di me e intorno a me una strana sensazione, una pungente e avvolgente dicotomia… mi sembrava di non sentir più nulla e di sentire tutto nello stesso momento…»

«Signor Beppe non vada oltre!», mi interrompe il giudice silenzioso. «Dalle vibrazioni nella sua memoria, dal magone a cui han fatto seguito le sue lacrime durante il racconto i nostri "contatori vibrazionali" han fatto registrare valori tali per cui seduta stante le concedo la libertà senza condizioni, da qui al completamento del suo percorso che la porterà in un giorno da stabilirsi al viale del Giudizio finale. Si ricordi bene che la procedura è in essere anche se quest'ultima prova l'ha messa in una condizione di tutto rispetto e di momentanea tranquillità. Al momento dovrà portare con sé i suoi scrigni con tutta la quantità di amore che lei avrà provato sino ad allora. Sarà meglio che siano molto pesanti.

Più sarà faticoso portare il fardello con tutto l'amore che lei ha fatto vibrare nella sua vita più lei potrà avvicinarsi a esser dichiarato "uomo che sapeva amare". Aver saputo amare sarà il lasciapassare indispensabile per addentrarsi in fondo al viale in una nuova dimensione. Quel momento sarà diverso dalle attestazioni che lei avrà ricevuto o incontrato nella usa vita.

Anche se le sembra strano, da non crederci, tra le altre cose, vedrà me, il giudice silenzioso intransigente, trasformarsi nel suo migliore amico. So che le pare impossibile adesso, ma sarà così. Sarà il primo di una serie di cambiamenti oltre l'immaginabile.

E tutto questo avverrà grazie al peso accumulato nella sua vita dall'amore, grazie alla sua dimostrata comprensione di ciò che è effettivamente in senso pieno ossia l'allineamento armonico e progressivo fino alla fusione dei 3 elementi: Amore, Dedizione e abbandono in una formula che fa sì che l'amore si manifesti nella sua completezza in quello che in effetti è: *Il più grande dei miracoli*».

Beppe Crovella

INDICE

IL PROGETTO ETICO DI AUREA NOX

AUREA NOX è un progetto etico collettivo nato in rete nel Maggio 2021 da un'idea di **Grazia Velvet Capone** che ha ideato e realizzato anche tutte le elaborazioni grafiche. Le energie creative del gruppo confluiscono nella collana-esperimento evolutivo chiamata AVALON – Terra Sacra: un luogo letterario dove gli autori si confrontano con un tema comune apportando ciascuno il proprio sentire e le vibrazioni tonali con il sentire altrui, che amplifica il proprio. È nata così l'idea di creare una pubblicazione ritmica, legata alla ruota dell'anno, adatta a tramandare forme-pensiero di profonda e assoluta ricerca evolutiva. Una virtuale unione di intenti. Un Seme che diventi Quercia.

Di seguito ecco le altre collane editoriali:

- BEE BOOK - SII UN LIBRO - Per bambini
- SEVEN DOORS - Sviluppo spirituale
- BREVIS - Saggi e Racconti brevi
- LYRA - Poesia
- HELOQUENCE- Diari, Romanzi, Manuali
- TRIBAL - Viaggi, Magia, Territori

Un sentito ringraziamento al direttivo del Progetto e ai vari gruppi di lavoro dedicati, che hanno profuso le loro preziose energie a beneficio della nostra comunità di Autori e di una magnifica Idea Viaggiante. Per contatti, richieste e collaborazioni:
Mail: **aureanox@libero.it**
Gruppo Facebook
Aurea Nox - Scrittori - Editori

Collana Avalon – Terra Sacra

www.ingramcontent.com/pod-product-compliance
Lightning Source LLC
Chambersburg PA
CBHW050952050726

47592CB00007B/2535